KB176043

문제해결

Be the Solver

영업 수주 방법론

문제해결

Be the Solver

영업 수주 방법론

송인식 지음

'문제 해결 방법론(PSM)'[1]의 재발견!

오랜 기간 기업의 경영 혁신을 지배해온 「6시그마」의 핵심은 무엇일까? 필자의 과제 수행 경험과 강의, 멘토링, 바이블 시리즈 집필 등 20년 넘게 연구를 지속해오면서 6시그마를 지배하는 가장 중요한 요소가 무엇인지 깨닫게 되었다. 그것은 바로 **'문제 처리(Problem Handling)', '문제 해결(Problem Solving)', '문제 회피(Problem Avoiding)'**이다. 이에 그동안 유지해온 타이틀 『6시그마 바이블』 시리즈와 『Quality Bible』 Series를 이들 세 영역에 초점을 맞춘 『Be the Solver』 시리즈로 통합하고, 관련 내용들의 체계를 재정립한 뒤 개정판을 내놓게 되었다.

기업에서 도입한 경영 혁신의 핵심은 대부분 '문제 처리/문제 해결/문제 회피(이하 '3대 문제 유형')'를 위해 사전 활동으로 '과제 선정'이 요구되고, '3대 문제 유형'을 통해 사후 활동인 '성과 평가'가 이루어진다. 또 '3대 문제 유형'을 책임지고 담당할 '리더'가 정해지고, 그들의 '3대 문제 유형' 능력을 키우기 위해 체계적인 '전문 학습'이 기업으로부터 제공된다. 이들을 하나로 엮으면 다음의 개요도가 완성된다.[2]

---

1) Problem Solving Methodology.
2) 송인식(2016), 『The Solver』, 이담북스, p.38 편집.

상기 개요도에서 화살표로 연결된 내용들은 '용어 정의'를, 아래 밑줄 친 내용들은 '활동(Activity)'을 각각 나타낸다. 기업에는 모든 형태의 문제(공식화될 경우 '과제')들이 존재하고 이들을 해결하기 위해 세계적인 석학들이 다양한 방법론들을 제시했는데, 이같이 문제들을 해결하기 위한 접근법을 통틀어 **'문제 해결 방법론(PSM, Problem Solving Methodology)'**이라고 한다.

필자의 연구에 따르면 앞서 피력한 대로 문제들 유형은 '문제 처리 영역', '문제 해결 영역', 그리고 '문제 회피 영역'으로 나뉜다. '문제 처리 영역'은 '사소한 다수(Trivial Many)'의 문제들이, '문제 해결 영역'은 고질적이고 만성적인 문제들이, 또 '문제 회피 영역'은 연구 개발처럼 '콘셉트 설계(Concept Design)'가 필요한 문제 유형들이 포함된다. '문제 회피(Problem Avoiding)'의 의미는 설계 제품이 아직 고객에게 전달되지 않은 상태에서 "향후 예상되는 문제들을 미리 회피시키기 위해 설계 노력을 강구함"이 담긴 엔지니어 용어이다. 이들 '3대 문제 유형'과 시리즈에 포함돼 있는 '문제 해결 방법론'을 연결시켜 정리하면 다음과 같다.

[총서]: 문제 해결 역량을 높이기 위한 이론과 전체 시리즈 활용법 소개.
- The Solver → 시리즈 전체를 아우르며 문제 해결 전문가가 되기 위한 가이드라인 제시.

[문제 처리 영역]: '사소한 다수(Trivial Many)'의 문제들이 속함.

- 빠른 해결 방법론 → 전문가 간 협의를 통해 해결할 수 있는 문제에 적합. '실험 계획(DOE)'[3]을 위주로 진행되는 과제도 본 방법론에 포함됨(로드맵: 21 - 세부 로드맵).

- 원가 절감 방법론 → 원가 절감형 개발 과제에 적합. 'VE'[4]를 로드맵화한 방법론(로드맵: 12 - 세부 로드맵).

- 단순 분석 방법론 → 분석 양이 한두 건으로 적고 과제 전체를 5장 정도로 마무리할 수 있는 문제 해결에 적합.

- 즉 실천(개선) 방법론 → 분석 없이 바로 처리되며, 1장으로 완료가 가능한 문제 해결에 적합.

- 실험 계획(DOE) → '요인 설계'와 '강건 설계(다구치 방법)'로 구성됨(로드맵: '빠른 해결 방법론'의 W Phase에서 'P - D - C - A Cycle'로 전개).

[문제 해결 영역]: 고질적이고 만성적인 문제들이 속함.

- 프로세스 개선 방법론 → 분석적 심도가 깊은 문제 해결에 적합(로드맵: 40 - 세부 로드맵).

- 통계적 품질 관리(SQC) → 생산 중 문제 해결 방법론. '통계적 품질 관리'의 핵심 도구인 '관리도'와 '프로세스 능력'을 중심으로 전개.

- 영업 수주 방법론 → 영업 수주 활동에 적합. 영업·마케팅 부문(로드맵: 12 - 세부 로드맵).

- 시리즈에 포함되지 않은 동일 영역의 기존 방법론들 → TPM, TQC, SQC, CEDAC, RCA(Root Cause Analysis) 등.[5]

---

3) Design of Experiment.
4) Value Engineering(가치 공학).
5) TPM(Total Productive Maintenance), TQC(Total Quality Control), SQC(Statistical Quality Control), CEDAC(Cause and Effect Diagram with Additional Cards).

[문제 회피 영역]: '콘셉트 설계(Concept Design)'가 포함된 문제들이 속함.

- 제품 설계 방법론 → 제품의 설계·개발에 적합. 연구 개발(R&D) 부문(로드맵: 50 – 세부 로드맵).
- 프로세스 설계 방법론 → 프로세스 설계·개발에 적합. 금융/서비스 부문(로드맵: 50 – 세부 로드맵).
- FMEA → 설계의 잠재 문제를 적출해 해결하는 데 쓰임. Design FMEA와 Process FMEA로 구성됨. 'DFQ(Design for Quality) Process'로 전개.
- 신뢰성(Reliability) 분석 → 제품의 미래 품질을 확보하기 위해 수명을 확률적으로 분석·해석하는 데 적합.
- 시리즈에 포함되지 않은 동일 영역의 기존 방법론들 → TRIZ, NPI 등.[6]

본문은 '[문제 해결 영역]'을 다루고 있으며 특히 '영업 수주 방법론'을 상세히 소개한다. 이해를 돕기 위해 개요도로 나타내면 다음과 같다.

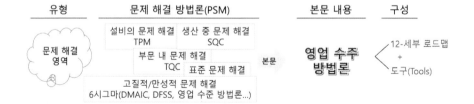

개요도로부터 본문은 '문제 해결 영역'을 위해 개발된 기존 여러 방법론들 중 '영업 수주 방법론'을 자세히 다룬다. '영업 수주 방법론'은 '**12 – 세부 로드맵**'과 '**도구(Tools)**'로 구성돼 있다.

---

6) TRIZ(Teoriya Resheniya Izobretatelskikh Zadach), DFQ Process(Design for Quality Process), NPI(New Product Introduction).

다음은 지금까지의 내용을 요약한 표로, 굵게 표시한 항목이 본문의 주제이다. 『Be the Solver』 시리즈에 포함된 다른 방법론들도 동일한 구조로 표현되므로 각 책의 본문에 들어가기 전 반드시 정독해주기 바란다.

분류	『Be the Solver』 시리즈
총서	The Solver
문제 해결 방법론 (PSM)	[문제 처리 영역] **빠른 해결 방법론**, 원가 절감 방법론, 단순 분석 방법론, 　　　　　　　즉 실천(개선) 방법론 [문제 해결 영역] 프로세스 개선 방법론, **영업 수주 방법론** [문제 회피 영역] 제품 설계 방법론, 프로세스 설계 방법론
데이터 분석 방법론	확증적 자료 분석(CDA), 탐색적 자료 분석(EDA), R분석(빅 데이터 분석), 정성적 자료 분석(QDA)
혁신 방법론	혁신 운영법, 과제 선정법, 과제성과 평가법, 문제 해결 역량 학습법
품질 향상 방법론	[문제 처리 영역] 실험 계획(DOE) [문제 해결 영역] 통계적 품질 관리(SQC) – 관리도/프로세스 능력 중심 [문제 회피 영역] FMEA, 신뢰성 분석

본문의 구성

　"영업은 활동 그 자체이다"로 대변될 만큼 '영업'은 기업 내 기능 부서들 중 가장 'Active'한 조직이 아닌가 싶다. 기업의 경영 성과를 올리는 최전방 보병이면서, 시장 동향에 가장 민감하게 움직이기 위해 안테나를 높이 치켜야 할 통신병 역할까지 수행한다. 또 매출이 오르지 않아 재무적 기여도가 떨어지면 그에 대한 문책도 받아야 하므로 전쟁을 진두지휘할 전략가의 역할도 서슴지 않아야 한다. 그 외에 외부의 고객과 내부의 생산을 연결해야 할 연락병 역할도 무리 없이 소화해내야 한다. 이런 활동에 정신없어 할 영업 담당자들에게 좋은 방법론이랍시고 굵직하고 묵직한 두께의 책 한 권을 권장할 간 큰 사람이 될 자신은 없다. 아마 그런 분량의 서적을 전해주면 감사하게 받아든 사람이라면 고이 책상에 꽂아두기라도 하겠지만, 그렇지 않을 대부분의 담당자들(적어도 필자가 접했던 영업 담당자들도 포함된다)은 재활용 분류 통에 던져버리고 말 것이다. 이런 이유 때문에 본 책이 영업인을 위한 필독서라 자처한다면 적어도 그 두께에 있어 읽는 데 부담이 없을 정도의 배려는 있어야 하지 않을까? 따라서 여느 방법론 서적에서 초두에 논했던 '문제 해결 방법론 기원'이나 '방법론 유형과 활용법' 등 상당 부분을 제거함으로써 내용 다이어트에 주력하였다. 기본적 특징과 구성에 대해 요약하면 다음과 같다.

1. '영업 수주 방법론'은 잘 알려진 '프로세스 개선 방법론'이나 '제품 설계 방법론'과 달리 효용성은 매우 높은 반면 반대로 인지도는 매우 낮은 게 현실이다. 따라서 영업 과제를 수행하는 리더가 '영업 수주 방법론'으로 전개한 내용을 사업부장께 보고하면 무슨 변종바이러스쯤으로 인식할 가능성이 매우 높다. "전개가 이상하다…"거나, "신뢰가 떨어진다…" 등의 의견들과 함께 한소리(?) 들을 가능성도 배제할 수 없다. 기존에 접해보지 못한 흐름과 용어들에 낯설어할 것이란 얘기다. 따라서 본 방법론은 우선 사업부장(또는 담당 임원)의 사전 이해와 효용성을 인정받을 필요가 있으며, 이를 전제로 문제 해결 전문가의 도움을 받아 리더가 방법론을 학습하고 수용하는 수순이 올바른 접근이다. 가장 좋은 초기 접근은 본 방법론의 필요성을 인지한 선구자(?)가 조직 내부에서 공론화 미팅을 개최하는 일이다. 영업 총괄 임원의 사전 이해가 절대 필수라는 점 다시 한번 강조한다.

2. 가장 범용의 방법론인 '프로세스 개선 방법론(D-M-A-I-C 로드맵)'은 사람이 무슨 일을 하든 거쳐야 할 고유한 흐름이므로 결국 '영업 수주 방법론'도 이 규칙에서 자유로울 순 없다. 따라서 전개는 'D-M-A-I-C'의 각 Phase별 '세부 로드맵' 골격을 그대로 유지하되, 영업 활동 특성에 맞게 그 수를 가감하거나 흐름만 조정하였다. 따라서 과제 리더들은 이 역시 기존 '문제 해결 방법론'과 별개가 아닌 일부로서 인식할 필요가 있다.

3. '영업 수주 방법론'의 기원은 6시그마 혁신 활동을 기업 전 부문으로 확산했던 'GE'에 두고 있다. 즉, 그들의 연구 결과로 정립된 한 '방법론'이다. 그러나 그 실체가 불분명하고 국내 사례도 찾아보기 힘든 상황에서 나름대로 경험과 지식을 바탕으로 구체화시켰다는 데 차별성이 있다. 즉, 우리 현실에 맞도록 내재화한 방법론이며, 이미 여러 기업에서 그 유용성과 효과성이 입증

된 바 있다. 따라서 본 방법론에 대한 경계심보다 믿고 활용해보자는 적극성이 먼저 선행되었으면 한다.

4. 영업 활동을 세분화하면 '내부 활동(Internal Activity)', '접점 활동(Interface Activity)', '외부 활동(External Activity)'으로 구분되며, 처음 것은 '프로세스 개선 방법론' 또는 '빠른 해결 방법론'으로, 중간의 것은 '프로세스 설계 방법론', 그리고 끝의 것은 본문에서 설명할 '영업 수주 방법론'으로 접근한다. 따라서 본문의 영업 활동 범위는 '수주 과제'의 경우에 한정한다. '수주 과제' 이외의 유형들은 관련된 타 방법론을 참고하기 바란다.

5. 수주 활동에는 고객과의 접촉이 필연이며, 이 과정에 서로를 이해시킬 의견이나 자료, 문서가 오고 간다. 또 이들의 내용을 토대로 최종 '수주 여부'가 결정되므로 의견서나 자료, 문서는 활동과 결과의 인과성을 설명할 주요 실체(Vital Few Xs에 대응)에 해당한다. 따라서 이들이 빠져서는 과제 전개에 '핵심 인자'가 없는 것과 같으며, 이들을 어떻게 포함시킬지도 주요 관심 대상이다. 본문에서는 이 부분까지 섬세하게 다룬다. 즉, '수주 과제' 하나하나가 가치 있는 자료로써 조직의 역량을 키우는 데 크게 기여함을 입증할 것이다.

6. 끝으로 가장 중요한 "영업 활동은 개개인의 능력과 기회 선점을 통해서만 이루어지는 무형의 과정"이 아닌 "재현되고 후배에게 물려줄 수 있는 중요한 설계도"임을 강조할 것이다. 이로부터 본문을 처음 접한 영업인이라면 그동안의 고정관념에서 벗어나 좀 더 유연한 영업적 세계를 탐구하고, 수주가 노력과 개개인의 역량으로만 이루어지는 것이 아닌, 정량화되고 체계화될 '프로세스 활동'이라는 시각을 찾는 데 일조할 것이다.

아무쪼록 본 책을 통해 국내 모든 기업들의 영업 활동이 계량화되고 훌륭한 노하우로 남겨질 수 있기를 기원하며, 내용 중 이해하기 어렵거나 의견 또는 토론이 필요한 리더는 '당사 홈페이지(http://ps-lab.co.kr)'의 토론장을 방문해 의견을 개진하기 바란다. 필자의 노력이 기업 발전에 도움이 될 수 있도록 음지 한 곳에서 부단히 노력할 것임을 약속드리는 바이다.

차례

영업 수주 방법론 개요

접해본 경험이 없어 다소 낯설게 느껴지는 '영업 수주 방법론'에 대해, 인식의 갭을 줄이려는 내용이 포함된다. 이에는 그동안 필자가 경험했던 영업 부문의 과제 유형 분석과 '영업 수주 방법론' 없이 수행된 영업 과제의 문제점, 또 이를 극복하기 위한 과정과 국내형 '영업 수주 방법론'의 탄생 등이 순서 있게 전개된다. 본문을 통해 리더는 '영업 수주 방법론'이 왜 꼭 필요한지를 이해하게 될 것이다.

1. '영업 수주 방법론' 그 이름의 시작

　　　　　　　　　　2007년도 초쯤으로 기억된다. "송 위원님 회
의 좀 하시죠?" 모처럼 컨설턴트를 포함, 혁신팀 부서원 핵심 수장들과 갑작
스러운 회의가 소집되었다. 필자는 소위 소방대원 - 기업에 투입된 전문 위원
이 고객에게 거부되거나 공석 발생 시 대타로 들어가는 컨설턴트. 급한 불 끄
러 들어간다는 데서 유래한 은어 - 이었다. 그러나 필자에게 주어진 특명은 막
강했는데 영업팀이 경영 혁신 활동에 적극적으로 가담토록 유도하는 일이었
다. 기업 내 여러 정치적 상황을 고려하더라도 풀기 어려운 과제를 떠안은 듯
한 느낌이었고, 가장 난처했던 점은 영업 총괄 임원의 경영 혁신에 대한 부정
적 시각이었다. 이런 상황은 여지없이 추측을 벗어나지 않았는데 바로 그 임
원과 면담을 통해 영업팀 내 경영 혁신 추진의 필요성을 공감토록 해달라는
요청이었다. 'Top-down'의 기조 아래 일부 저항 세력(나쁜 용어가 아니다. 수
행에 부당함을 주장하는 직원들로 누구나 해당될 수 있으며, 학계에서 통용되
는 용어이기도 하다)이 있긴 했으나 컨설턴트가 직접 나서서 그들을 참여세로
끌어들이도록 요청받는 경우는 이례적인 일이기도 하였다.
　면담 일주 전부터 필자는 초긴장 속에 휩싸일 수밖에 없었다. 우선 주변에
서 들려오는 그동안의 여러 정황들로부터 아마도 영업 총괄 임원과의 면담은
별 실효를 거두기 어렵다는 것이었고, 그 전에 이루어진 부장들 면담에서도
신통치 않은 대접을 받았던 터라 성과가 없을 것이란 여론이 훨씬 더 우세함
을 감지하고 있었다. 결국 이렇다 할 준비도 없이 고민만 잔뜩 한 얼굴로 임
원을 대하게 되었는데, 물론 스트레스는 극에 달해 있었다. 일단 의견을 들어
보자는 탐지 차원의 전략 아닌 전략을 구사했으나 최초 경직되고 일방적인 의
견을 보일 거란 예견과 달리 다소 부드러운 시간이 이어졌다. 그러나 임원의
한마디 한마디는 분명하였다. "영업에서의 과제 수행에 기반을 둔 경영 혁신

은 절대 수용 불가"의 입장임을 확인하는 데는 시간이 그리 오래 걸리지 않았다. "영업의 가장 큰 덕목은 고객을 얼마나 잘 알고 만족시켜 주는지에 있습니다. 따라서 할 수만 있다면 책상을 고객이 있는 사무실에 옮겨놓고 그들과 스킨십을 하면서 요구 사항을 들어주고 문제점을 해결해주는 게 제일 중요합니다. 그런 중요 임무를 남겨두고 어떻게 사무실 책상에 앉아 Paper Work 하는 데 대부분의 시간을 소모할 수 있겠습니까? 또 영업은 분석으로 이루어지기보다 담당자들의 역량과 고객 만족을 위한 노력에 기반을 두는데 그걸 통계 덩어리인 혁신 과제가 어떻게 해결해준다는 건가요? 만일 나를 설득하려면 동종 업체의 영업 부서에서 성과가 있는 예를 보여주면 좋겠습니다. 이 부분에 대해 다음 주 우리 부서원들을 대상으로 특강을 해주었으면 합니다." 혹 떼러 들어갔다 되레 엄청 큰 혹을 붙이고 나온 느낌이었다. 영업에 대해선 지난 수년간 다수의 대기업 영업부 전체 과제를 독점 컨설팅 해온 터라 나름대로 기본 틀이 있었고 그래서 성공 사례 찾는 일은 그다지 어려운 일도 아니었으나, 문제는 '동종 기업'에 있었다. 국내에서 제일 규모 있는 기업에 여타 비교할 만한 기업이 있을 리도 만무하거니와 영업 과제는 기업 내 보안 사항이 많아 있다 한들 공유하기도 어려운 상황이란 것쯤은 공공연한 사실이었다. 그렇다고 임원의 요구 사항에 토를 달 일도 아니었다. 그 내용이 모두 필요한 것들이었고 초기엔 누구나 알고 싶은 사항들이었기 때문이었다. 소방대원 역할하려다 불속에 갇힌 형국이 돼버렸다.

특강의 날이 왔다. 경영혁신팀에서도 영업 수장을 설득하기 위한 기회가 될 수 있는지에 촉각을 곤두세워 관찰하고 있었고, 영업팀 내 다른 임원과 부서장, 참석이 가능한 전 직원들이 함께할 것임을 알려왔다. 필자에겐 그들이 지진 해일처럼 느껴졌다. 모두가 영업 수장의 논리가 맞는다는 믿음이 있었고 그것이 흔들리면 본인들이 경영 혁신 해일에 오히려 휩쓸리는 상황이 될 수 있어 가급적 필자를 몰아붙여야만 했다. 묘한 전운이 감돌았다. 더군다나 예상대로 동종 업계 벤치마킹은 국내에서 불가하다는 것을 확인했고, 네트워크를 통해 해외 동종 업계를 조사했으나 그들 중 유사 혁신 활동을 수행한 기업이면서 동시에 영업 성공 사례는 눈 씻고 찾아봐도 공개된 것이 없었다. 임원이 요청했던 벤치마킹 사례를 확보하는 데 실패한 것이었다. 결국 기존 영업 수행 사례의 예를 유형으로 묶어 발표하면서 당 기업에서도 충분히 성공 가능성이 있음을 주지시키는 데 집중하였다. 특강이 끝난 직후 Q&A에서 참석자들의 날카로운 질문들이 이어졌다. 가끔 안면이 있던 직원들도 임원의 강경한 입장을 확인한 터라 분위기상 고운 질문은 이미 물 건너 간 상황 같았다. 마치 중국 초나라 때 한 상인이 창과 방패를 팔 때의 '모순(矛盾)'이란 표현에 적합한 분위기였다. "왜 해야 하는지 모르겠다"에 대한 수용 불가의 논리와, 분야는 다르더라도 충분히 성과가 검증되었고 영업에서도 수행 의미가 분명히 있음의 논리가 경합하고 있었다. 한 시간을 넘기면서 결국 누군가 "그만 합시다"란 종언을 선언했고, 영업 총괄 임원의 최종 판결은 "부족하다"로 결론지었다. 완패를 거둔 순간이었다. 지금 생각해봐도 컨설턴트로서의 자질을 의심케 하는 힘겨운 시간이었다. 공교롭게도 이 같은 특강은 영업 총괄 임원의 요청으로 그 이후로도 자그마치 두 번이나 더 추진되었다…. 피 말리는 순간들이었다. 이후 결말은 어떻게 되었을까?

앞서 필자의 경험은 정해놓은 과제가 있어 그를 해결하는 데 지원하는 일이라기보다 '변화 관리'의 한 단면이다. 그러나 이 같은 상황을 경험하면서 모두가 어렵고 불필요한 시간을 낭비한 것만은 결코 아니었다. 특강이 무르익으면서 일부 동조하는 작은 세력들이 찾아들었고, 몇몇 내용에 대해선 기존에 못 느꼈던 공감대를 표현해주기 시작했다. 소통이 이루어지고 있었던 것이다. 또 무엇보다 중요한 사건은 생각지도 않은 결과를 낳은 것인데 바로 필자의 깨우침이다. 기존엔 과제가 있어 그를 지원하는 자문 역할에 매진한 데서, 과연 '영업 활동'이 무엇인지 그 실체를 파악해보고 왜 이런 어려운 문제점이 지속되고 있는지를 고민하는 소중한 기회가 되었다. 특강을 준비하면서 조사된 정보와 나름의 논리는 '영업 수주 방법론'을 기획하고 체계화하는 데 큰 보탬이 되었다. 그 이후가 어찌 되었는지 궁금한 독자를 위해 조금만 언급하면, 물론 큰 성공을 거두었고, 필자는 영업 직원들의 컨설턴트 평가에서 올 만점을 받는 최고의 영예를 얻었다. 그러나 면담을 했던 영업 총괄 임원이 과연 영업 과제의 방법론적 접근이 유효하다고 전향(?)했는지는 알 길이 없다. 과제가 끝난 직후 필자는 만류에도 불구하고 도망치듯 업체를 떠났고, 그 후 별도의 소식을 접할 기회는 없었기 때문이다. 말하자면 절반의 성공인 셈이었다.

여운이 남긴 했지만 그에 만족하고, 많은 대기업 영업부 전체를 컨설팅 했던 경험과 앞서 예시한 '영업 활동'을 통해 정립한 내용을 중심으로 다음 소단원부터 '영업 수주 방법론'의 필요성을 조금씩 공감해보기로 하자. 이를 위해 영업 담당자들이 자주 묻는 질문들에 답하는 형식으로 설명을 이어 나갈 것이다.

1.1. 돈 버는 부서에서 왜 재무성과를 위한 과제 수행이 필요한가?

영업 부서는 모든 매출의 창구 역할을 한다. 연초에 계획한 매출 또는 이익을 달성했는지가 각 담당자들의 평가 요소이므로 목표 달성을 위한 공세는 멈출 수 없다. 객관적으로, 또 부서의 고유한 기능으로도 돈을 벌어들인다는 데 이견이 없으며, 이것은 경영 혁신 추진이 주로 재무적 성과를 통해 기업의 이윤을 높인다는 목적과 상통한다. 즉, 영업 활동 그 자체는 재무적 성과에 있으며, 과제 수행 여부와 관계없이 늘 이루어지고 있음을 부인할 수 없다. 이런 논리가 맞는다면 왜 영업 부서에서 방법론을 적용한 과제 수행이 필요한지 누구나 의문을 제기할 수밖에 없다. 맞는 주장이다. 그러나 이런 의문에 대한 답은 의외로 간단하다. 즉, "영업 활동하면서 답답했던 적 없었습니까?"이다.

　고객으로부터 제품 하자의 불만을 접수 받고 해당 부서에 대책과 처리 결과를 요청했음에도 답변이 차일피일 미루어지는 바람에 고객으로부터 빗발치는 항의를 받아 답답했다든가, 급격한 환율 변동으로 수입 원자재가 폭등해 원가가 상승했지만 제품 가격 상승으로 이어지지 못해 손실을 바라만 봐야 했다든가, 또 로열 고객을 특별히 관리함에도 경쟁사에게 수주 물량을 잠식당해 가는 현실, 대체품이 나옴에 따라 기존 Market Size가 점점 줄어드는 상황을 경험하는 등 나열하면 끝도 없을 '답답함'의 일들과 늘 마주친다. 없다면 영업 담당자가 필요하겠는가? 무인 자동 시스템으로 판매하도록 처리하면 될 일이지, 영업은 매출만 올리는 부서가 아니다. 아니, 그 목적 하나로만 운영되기에는 그를 지원해야 할 너무 많은 기능 부서들이 존재한다. 그들이 톱니바퀴처럼 척척 맞춰 돌아가지 않으면 그 정보를 활용해야 할 영업부서 입장에선 '답답한' 나날의 연속으로 이어진다. 그렇다고 저절로 개선되는 일은 없다. 개선의 절심함을 느낀 사람이 그 '답답함'을 세상에 드러내고 심각성을 알려야 주변에서 관심을 가질 수 있다. 이게 곧 경영 혁신 활동에서 얘기하는 '과제'다. [그림-1]은 「Be the Solver_프로세스 개선 방법론」편에 소개된 '과제 도출-과제 수행-과제 관리' 사이클의 개요도를 옮겨놓은 것이다.

　[그림-1]에서 왼쪽 파란색 사각형(사업 계획, Complaints 등)들이 현재 운영 체계에서 '답답함', 즉 '과제'들이 나올 출처들이고, 이들은 모두 비효율적이거나 낭비 요소들이므로 'COPQ(Cost of Poor Quality)'[7]로 전환시켜 핵심 특성 및 과제로 정리된다. 다시 왼쪽 분홍색 사각형(신사업 발굴, 새로운 요구, 새로운 프로세스)들은 기존 운영되는 체계가 아니고 새롭게 시작되는 유형들이므로 'CTQ(Critical to Quality)'[8]로 바로 직결돼 '과제'로 정립된다. 영업 경우

---

7) '저품질 비용'으로 해석한다. 문제들이 유발시키는 규모를 '비용'으로 표현한다.
8) '(고객을 위한) 핵심 품질 특성'이다. 고객의 중요한 내용을 표현한 '특성'이다.

[그림－1] '과제 도출－과제 수행－과제 관리' 사이클의 개요도

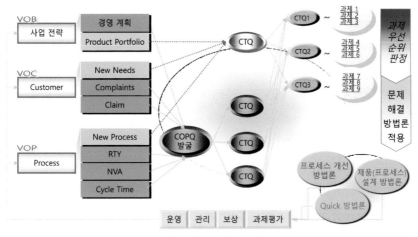

'사업 계획'을 통해 수주 목표나 매출액이 내부적으로 결정되고, 'Complaint'이
나 'Claim'은 고객 대면 시 수집되며, 'NVA(Non-value Added)'와 'Cycle Time'
은 내부 프로세스 효율화를 꾀하는 '과제'와 연결된다. 결국 '영업'은 매출을
올리는 게 궁극적 목표이나 그 외에도 활동을 뒷받침해줄 프로세스의 효율화
역시 병행돼야 한다. 이것이 '수주 활동'과 '프로세스 효율화 활동' 모두가 필
요한 이유이며, 또 '과제 수행'이 필요한 이유이기도 하다. 참고로 약 5년간 기
업 내 컨설팅 수행 과정에서 얻은 영업 과제 유형들을 소개하면 다음과 같다.

[표－1]에 나타난 과제 유형의 양상은 기업별 영업 조직의 업무 범위에 따
라 달라진다. 예를 들어, 어느 기업은 '포장/물류'를 영업 조직에 포함시키지만
또 어느 기업은 별개의 조직으로 관리한다. 과거 필자가 멘토링 했던 영업 과
제들을 분류한 것이므로 혹 빠진 항목이 있거나 본인의 현실과 차이 날 수 있
음을 감안하기 바란다.

[표-1] 영업부서 과제 유형 예

과제 유형	설명
납기	견적, Sample 제공, 수금, 불량 처리 결과, 납기 단축
포장/물류	국내외 물류비, 포장비, 물류 정체, 운송품질/계약, 물류정보 등
내부 역량	AR관리, 판매 계획 절차, 역량 강화(교육) 프로그램 등
판매(시장) 확대	수주 달성, 수요 개발, 기존 고객 판매량 확대, 수익 모델 등
수요 예측	예측 정확도 향상, 수요 예측 모델 정립, 예측 프로세스 개선 등
재고 관리	재고 정확도, 관리 비용, 불용 재고 처리, 안전 재고 모델링 등
신규 시장 진입	신시장진입, 신규 용도개발, 잠재고객 개발, 차세대 제품리서치
손익 개선	적자 아이템 흑자화, 제품 포트폴리오, 채권 관리 등
CRM	고객 관리 체계화, 시스템화, 고객 정보 활용 안 등

1.2. 고객 만나는 일에 왜 프로세스 개선이 필요한가?

이 질문은 프로세스 내 산포를 개선하도록 주문하는 혁신 과제가 영업에서 얼마나 부적절한지를 설명하는 이론적 근거로 자주 인용된다. 영업의 대상은 고객이고, 고객을 통해 매출 향상이 이루어지는 만큼 고객과의 교류가 매우 중요하다는 논리다. 또 고객의 성향은 다양하므로 그들과의 관계를 어떻게 유지하고 발전시켜 나갈 것인지는 전적으로 영업 담당자의 소질과 역량에 달린 만큼 오로지 외부 활동이 중요하다. 또 다양한 변수가 시시각각 변화하는 점을 감안하면 로드맵을 따라 단계적으로 접근할 일이 될 수 없을뿐더러, Paper Work로 점철된 방법론적 접근은 애초 불가하다고 판단한다. 한마디로 프로세스로 해석할 영역은 아니라는 얘기다. 필자는 이 의견에 전적으로 동의한다. 다음 [그림 – 2]를 보자.

[그림-2] 영업 활동의 세분화

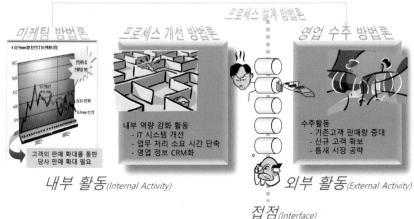

「Be the Solver_프로세스 개선 방법론」편의 내용을 토대로 영업 활동을 세분화한 [그림-2]를 설명하면, '내부 활동(Internal Activity)'9)은 한마디로 수주를 지원하는 활동을 의미하며, '프로세스'가 존재한다. 예를 들어, 고객의 견적 요청(RFQ)이 들어오면, 개발 가능성에 대해 연구소로 자료가 넘어가 'BOM 작성'이 이루어지고, 다시 구매에선 '재료비 산출'을, 생산은 '투자비'를, 경영 관리는 이 자료들을 모아 간접비를 포함시키며, 물류는 '포장비, 운송비'를, 다시 영업에선 이들 결과에 '수출 경비와 이윤' 등을 덧붙인다. 이 외에 고객 불만, 또는 클레임 처리에 대응해준다든지, 고객의 새로운 요구를 처리해주는 활동 등도 포함된다. 경우에 따라서는 고객 정보를 관리하고 그를 활용해 수주 활동을 원활히 하도록 지원하는 일도 한다. 이와 같이 외부 활동 중 발생된 다양한 고객으로부터의 요구 사항들을 얼마나 빠르고 정확히 대응해줘서 궁극적

---

9) '용어' 및 그의 '정의'는 필자의 경험을 토대로 붙여진 것임.

으로 고객 만족을 높여줄 수 있느냐가 바로 '내부 활동'의 존재 이유이며, 달성하려는 목표이다. 따라서 프로세스상 비효율적이거나 적절히 처리되지 못한 과거 사례 등을 조사하여 중요도가 높은 순부터 정리하면 이들이 역량을 강화시키는 과제가 될 수 있다. 물론 재무적 성과는 없거나 크지 않을 수도 있다. 그러나 영업의 궁극적 목표인 수주를 확대해 나가기 위해 다양한 사항들을 빠르고 정확하게 처리해줘야 그 결과를 들고 고객을 대면하는 외부 활동에 박차를 가할 수 있다. 이 같은 '내부 활동'의 역량을 강화시키는 과제가 선정되면 프로세스가 존재하는 상태에서의 효율화를 꾀하는 것이므로 문제 해결 방법론 중 '프로세스 개선 방법론'이 적용된다.

그럼 [그림 - 2]의 왼쪽에 위치한 '마케팅 방법론'은 뭘까? 기업에 따라서는 영업과 합쳐 '영업·마케팅'으로도 쓰이나 엄밀히 말하면 둘은 분리되며 '시장 정보의 품질'을 다루는 접근법이다. 마케팅 부서는 시장 상황을 데이터로 분석해 공략해야 할 지역이나 업체, 제품의 포트폴리오 등을 기획하며, 필요하면 정보를 영업에 제공해 판매량 확대를 꾀하도록 유도한다. 순서로 보면 '마케팅 방법론 → 영업 수주 방법론'으로 연결된다. 아쉽게도 미국 'Uniworld Consulting, Inc.' 등에서 교재 제작과 기업 연계를 추진한 사례는 있었으나 타 방법론에 비해 저변 확대엔 실패한 것으로 보인다.

다음 '접점(Interface)' 영역은 '프로세스'가 없거나 불완전한 경우가 과제로써 의미를 갖는다. 개념은 간단하다. 즉, 수주를 목적으로 영업 담당자가 '외부 활동'을 하다 고객으로부터 기존에 받아보지 못한 새로운 요구를 전해 들었다고 가정하자. 수주와 관련된 시급한 사항으로 영업 사원은 그 내용을 들고 사내로 들어와 처리해줄 담당자를 찾았으나 없다는 것을 깨닫고 어찌해야 할지 몰라 난감한 처지에 놓인다. 담당자가 없다는 것은 프로세스가 없다는 것을 의미한다. 즉, 처리가 필요한 내용을 가져왔을 때 넣어야 할 통(프로세스 최초 단계)이 없는 상황이다. 예를 들면, 제품을 만들어 팔기만 했던 상황에서,

수익구조를 개선하기 위해 제품을 고객이 원하는 장소에 설치해주는 영역까지 확대했다면, 기존 중간 도매상들을 대상으로 영업 활동을 하던 데서 이제는 설치를 요청한 새로운 고객을 대면하게 될 것이고, 그런 상황이면 이전에 받아보지 못했던 새로운 요구나 요청사항들이 발생하기 마련이다. 이들 모두를 제품만 판매하던 프로세스 체계에서 수용하지 못하면 새로운 프로세스의 필요성을 느끼게 된다. 이와 같이 환경 변화로부터 새로운 프로세스 체계의 신설이 요구되면 문제 해결 방법론 중 '프로세스 설계 방법론'이 적용된다.

'외부 활동(External Activity)'을 보자. '외부 활동'은 수주를 위한 영업 활동이다. 이 영역이 바로 방법론 적용이 불가하다고 판단되는 유형이기도 하다. 즉, 수주 활동은 늘 하고 있으므로 '프로세스'가 있어야 하나 예측 불허 상황이 많으므로 프로세스를 이렇다 하고 규정짓는 데는 분명 한계가 있다. 기존의 고객에게 물량을 추가로 확대한다거나, 새로운 고객 또는 틈새시장(Niche Market)을 확보하는 등의 활동들이 포함된다. 따라서 이들 활동이 과제로 선정되면 어느 방법론이 적절한지에 대해 숙고해보자. [그림 – 3]은 수주 과제에 대한 '프로세스 개선 방법론 로드맵' 중 'Step – 6. 잠재 원인 변수의 발굴' 의 한 예이다. 과제 목표는 한 번도 진입해보지 못한 신시장에서 제품의 일정 양을 판매하는 것으로 가정했으며, 이를 위해 'Process Map'을 통한 '프로세스 변수'와, 'P – FMEA'를 통한 '잠재 인자'를 발굴하였다(고 가정한다).

기존 프로세스가 존재하는 상태에서의 '프로세스 개선 방법론' 접근으로 신규 시장 진입을 위해 필요한 '잠재 원인 변수'를 발굴한 결과 [그림 – 3]과 같이 'Market 정보', '경쟁사 정보', '현지 기술 동향 파악' 등 필요한 사항들이 모두 적출됐으나, 문제는 표 아래 요약한 바와 같이 이들을 Analyze Phase로 넘겨 "가설 검정을 수행해야 하는가?"와, 검정을 수행하더라도 과연 "최종 목표인 수주 여부를 설명할 정도의 인과성이 있는가?"의 딜레마에 빠진다. 처음 진입하는 지역이라 필수적으로 파악해야 할 사항들이지만 중요하다고 선정된

들 개선 활동에서 해야 할 일은 '경쟁사 정보'는 '경쟁사 정보를 수집'하는 일일 것이고, 만일 수집했다고 해도 수주 여부와의 연계성을 확보하기란 또 다른 문제가 될 수 있다. 결국 '외부 활동'에서의 주 활동인 '수주'는 프로세스가 존재할 때의 '프로세스 개선 방법론'이나, 프로세스가 없거나 불완전한 프로세스 경우에 적합한 '프로세스 설계 방법론'의 접근과는 또 다른 방법론의 탄생을 예고한다. 즉, 고객 대면을 통해 생겨나는 다양한 변수들에 실시간으로 대응하며 과정 관리도 이루고, 목표로 했던 수주량을 달성할 인과성도 만족시킬 방법론이 필요한데, 이것이 '영업 수주 방법론'이 탄생하게 된 배경이다.

[그림-3] 수주 과제의 'Step-6. 잠재 원인 변수의 발굴' 예

Step 6. 잠재원인변수의 발굴
Screened X's

Screened X' s

P-Map과 P-FMEA로부터 우선순위화된 원인변수들 중 중복을 제외한 총 13개를 선정.

구분	번호	Screened Xs	비고
Process Map	1	시장자료(Internet, 책자, 외부기관)	해외시장조사
	2	Market 및 경쟁사 조사 Report	경쟁사조사
	3	각 부품의 현 공급가 및 공급 업체 조사 자료	
	4	RFQ 입수	
	5	당사 및 제품 소개 Presentation 자료	
	6	제품 Demo 및 전시	
	7	견적 품의서 작성 및 견적 제출	
	8	해외 시장가에 대한 정보부족	견적가정보
P-FMEA	9	고객사 정보 부족	
	10	부적절한 경쟁사 정보 Source	
	11	부적절한 시장 정보 Source	
	12	Presentation 미비	
	13	부적절한 기술 동향 정보 Source	

✓ 현재 선정된 인자는 <u>규모가 너무 크거나 용어상 모호해서 검정대상으로 삼기가 어렵다 (또는 막대한 업무량이 필요할 것임)</u>고 판단됨.
✓ 설사 검정을 수행해서 위의 항목들에 대한 부적절한 프로세스 문제를 찾아 내었다고 해도 <u>과제 목표인 수주달성과 연계시키기는 어렵다</u>는 결론에 이름.

PS-Lab
Problem Solving Laboratory

‘영업 수주 방법론’은 기존 ‘D－M－A－I－C 로드맵’의 흐름을 그대로 따르면서 영업의 특수성을 감안한 활동들을 적용한다. 실제 현업에 적용했을 때 영업 사원들의 만족도는 대단히 높게 나타난다. 그만큼 영업 활동의 속성을 그대로 반영하고 있기 때문이며, 접근성과 적용성 또한 매우 뛰어난 것이 특징이다. 이 방법이 적용되면 초기 고객 선정부터 수주에 이르기까지 활동 하나하나가 로드맵을 따라 일목요연하게 인과관계로 묶이며, 어느 전략을 통해 수주 가능성이 높아졌다거나, 또는 수주에 실패했는지를 검토하는 것도 가능하다. 수주 노하우가 그대로 축적되며, 따라서 방법론 적용의 가장 큰 장점인 제3자에 의한 재현도 가능해진다. **영업 활동이 개개인의 영업적 수완이나 역량 또는 회사의 지원이나 그때그때의 상황에 따라 결정된다기보다 누군가에 의해 동일한 방법으로 동일한 결과가 재현될 수 있는 하나의 체계화된 프로세스로 간주**된다. 이런 상황은 모 회사의 영업 임직원을 대상으로 한 특강에서 다음 [그림－4]와 같이 묘사한 바 있다.

[그림－4] 수주 활동에서의 프로세스란?

사다리의 끝이 어딘가가.....

대형 건물의 고층에 화재가 발생했을 때, 그 건물 내의 인명 구조 가능성은 사다리를 얼마나 화재 현장에 가깝게 근접시키는가에 달려 있을 것이다. 불이 너무 강해 사다리로 접근하기 어려운 상황이면 그러한 환경에 충분히 학습과 훈련을 받은 소방대원일수록 내화 망투로 불길을 가리거나 불길이 좀 약한 측면 또는 하단에 댄 뒤 2차적인 접근을 시도하는 등 뭔가 발 빠른 대응을 시도할 것이다. 일단 그렇게만 된다면 대형 화재에 아직 미숙한 신입 소방대원일지라도 적어도 그 지점까지는 순식간에 도달할 수 있을 것이며, 시급을 다투는 인명을 한 명이라도 더 구조하는 데 일조할 수 있다. 사다리가 최대로 도달한 지점부터는 신입 소방대원이든, 선임 소방대원이든 이제부터 인명 구조를 위해 개개인의 역량을 최대로 발휘하는 활동이 시작된다. '대형 화재'를 경쟁이 심한 긴박한 '경쟁 환경'으로, 구해 내야 할 '인명'을 고객으로부터 확보해야 할 '수주 물량'으로, 그리고 '사다리'를 '프로세스', '소방대원'을 '영업사원'으로 가정할 때, 수주가 결정되는 그 시점 또는 직전까지 신입 담당자가 고객에게 최대로 가깝고 빠르게 접근할 수 있는 프로세스 체계가 제공된다면 개인적 역량을 발휘할 수 있는 기회는 훨씬 늘어날 것이며, 수주 가능성도 높아질 것이다. 또 그러한 체계를 토대로 영업 노하우가 더욱 발전되는 계기가 마련될 수도 있다. 불똥이 어디로 튈지 모른다고(고객이 어떤 반응을 보일지 모른다고) 현장에 투입된 소방대원에 따라 접근법이 이렇게도 바뀌고 저렇게도 바뀌면 임기응변에 강한 사람만 찾는 데 많은 노력을 기울여야 할 것이다. 만일 불의 진압이 소방대원들의 체계적 대응에 있었다면 '불의 진압(결과)'과 '체계적 대응(요인)' 간 '인과관계'가 성립하는 반면, 영업 현장에서 담당자 개개인의 역량만이 중요하다고 가정한 상황에서 수주가 이루어지면, '수주(결과)'와 '개인 역량(요인)' 간 '인과관계'는 담당자 수만큼 존재하거나 영원히 확인할 수 없는 무형의 실체로만 기록될 수 있다. 기업에서 이런 일이 일어나서야 되겠는가?

지금까지 '영업 부문'에 대해 설명했는데, 한마디로 **영업 조직엔 '마케팅 방법론', '영업 수주 방법론', '프로세스 개선 방법론', '프로세스 설계 방법론' 등 모든 방법론이 망라돼 있으며, 이것은 그만큼 업무의 복잡성과 다양성이 결합된 프로세스**란 방증이다. 영업 업무를 세분화해서 이해하지 않는 한 왜 영업 부서 내에서 "영업은 방법론 적용에 맞지 않아!" 하는 말에 결코 답을 할 수 없는 이유이다. 또 사업부장과 리더들도 영업에서의 방법론 적용을 부정하거나 하나의 방법론에 억지로 끼워 맞추기보다 **문제 해결을 위해 적합한 방법론이 쓰이고 있는지를 항시 점검**하는 지혜가 필요하다.

참고로, 영업과 유사한 기능 부서가 바로 '구매'다. '구매 부문' 역시 '외부 활동'과 '내부 활동' 그리고 '접점 영역'으로 분류되기 때문이다. 차이가 있다면, 영업 활동이 '을'의 입장에 놓여 있다면, 구매 활동은 '갑'의 입장에서 업무가 이루어진다. 영업에서 상세히 설명했으므로 각 활동별로 대응되는 과제 유형만 간단히 기술하고 넘어가겠다. 우선 '외부 활동'에는 사용 부품의 구조 개선을 통한 원가 절감, 단가 인하를 위한 협상 전략, 협력 업체의 프로세스 최적화 지원을 통한 원가 절감, 신규 구매 업체 개발(소싱의 다변화), 시장 정보 입수 등이 있으며, '내부 활동'으로는 영업과 동일한 빠르고 정확한 일 처리를 목적으로 단가 산정의 효율화나, IT화 등이 포함된다. '접점(Interface)' 관점에서는 e－Bidding 시스템 도입 또는 체계화나 신규 요구의 처리를 위한 프로세스 정립 등이 포함된다.

1.3. 과제 수행의 문서 작업은 영업 활동을 저해한다?

영업 사원별로 빈도의 차이는 있지만 고객 대면이 상대적으로 많은 경우 사실 책상에 앉아 타이핑하고 있는 일 자체가 부담스러울 수 있다. 혹자는 이런 말도 한다. "나에게도 좀 앉아서 생각할 시간이 주어진다면 과제 수행에 집중할 수 있다. 울리는 벨 소리와 여러 거래처에서의 요구 사항을 몇 개만 대응해도 하루해가 넘어가기 일쑤다." 그런데 이런 정신없는 하루 일과를 쪼개서 과제 수행의 Define Phase '과제 선정 배경 기술'부터 하나하나 밟고 가라니 참 답답하기도 하거니와, 거기에 Analyze Phase에서 통계 분석까지 하라니 숨이 꼴깍 넘어갈 지경이다. 통계 분석 몇몇만으로도 데이터 수집과 분석 방법 학습 및 유의한 결과를 유도하는 데 거의 수일의 시간이 소요될 수 있기 때문이다. 이것은 그래도 나은 편이다. 분석 중 가장 많은 푸념 중 하나가 "분석할 데이터가 없다"고 하소연하는 일이다. 이런 대화는 사실 답도 없는 무한 공전의 궤도를 돈다. 그러나 만일 "거래처에 응대하는 일을 안 할 수 있는 겁니까?" 하고 물으면, "해야죠!" 하고 답이 돌아온다. 또, "고객 대면을 안 할 수 있는 겁니까?" 하면 당연 "그걸 안 하면 됩니까?" 한다. 다시 "새로운 고객이나 기존 고객으로부터 판매량을 확대할 필요는 있는 겁니까?" 하고 묻게 되면, 거의 주먹이 들어올 태세다. 인내하는 사람이면 당연히 "해야 하지 않겠습니까!"가 되겠지만. 결국 위의 모든 일들은 해야만 하는 것임엔 틀림없다. 그럼 남은 문제는 명확한데 얼마나 효율적으로 처리할 수 있는가에 달렸다고 봐야 하지 않을까? 맞는다면 이제부터 '효율성'의 문제로 관심을 돌려야 한다. '효율'이란 '주어진 Input 대비 Output을 최대화하는 일'이기 때문이다.

다음 단원 「2. 영업 수주 방법론 로드맵 개요」와 이후에 설명될 사례들을 보면 '영업 수주 방법론 전개'에 문서 작업이 거의 없다는 것을 알 수 있다. 이것은 영업 사원들의 요구를 받아들여 문서 양을 줄어들게 해준 배려의 결과가 아니라 원래 고객 대면을 통한 수주 활동 자체가 문서화보다 고객의 요구 사항과 의사가 중요하기 때문이다. 문서 양이 많다고 고객이 우리 제품을 구입해주는 것이 아니라 우리 제품을 이해하는 정도나 여건, 기업 간 정치적 상황, 또는 필요한 요구 조건을 얼마나 잘 들어주었는가에 수주 여부가 달려 있다. 사실 이들은 있는 그대로의 사실적 기록만으로도 수주 여부를 결정짓는 주요 원인 역할을 한다. 따라서 수주를 목적으로 한 과제 경우, 고객의 요구 조건과 대응 전략 및 그에 대한 고객의 반응이 중심이 되어 결과인 수주 여부에 영향을 주게 되며, 다시 이것은 '세부 로드맵'에서 익숙한 '인과관계'를 설명하는 근거로 작용한다.

정리하면 영업 부서에서 그동안 수행했던 '수주 과제' 경우, 바쁜데 억지로 끼워 맞춘 결과라든가, 문서양이 불필요하게 많다든가 또는 데이터가 없어 Analyze Phase를 넘기기 힘들었다는 등의 VOC는 결국 **과제 수행과 업무의 불일치에서 나온 것이 아니라 방법론을 잘못 선택해서 오는 문제**로 귀결시켜야 한다. 영업 부서의 핵심인 수주 활동에 걸맞은 별개의 방법론이 존재한다는 것이다. 이제 '영업 수주 방법론'에 대해 어느 정도 이해가 섰으면, 그의 '로드맵'에 대해 알아보자.

2. '영업 수주 방법론' 로드맵 개요

　　　　　　　　　'영업 수주 방법론'의 '세부 로드맵'은 기본적
으로 'D－M－A－I－C'에 기반을 둔다. 「Be the Solver_프로세스 개선 방법론
」에서도 언급한 바와 같이 '제품 설계 방법론(DMADV 로드맵)', 심지어 '마케
팅 방법론'까지도 거시적으론 D－M－A－I－C 로드맵'과 동일하며, 또 타 방
법론에서도 강조한 바와 같이 한시의 기본 구성인 '기승전결'이나, 'Deming
Cycle'로 알려진 'PDCA' 등과도 맥을 같이한다. 이것은 'D－M－A－I－C'가
위대한 것이 아니라 우리 내 행동 양식인 '기－승－전－결'에 'M－A－I－C'
를 일대일 대응시켜 놓은 구조이기 때문이다. 따라서 영업의 수주 활동 프로
세스를 가만히 따져보면 'D－M－A－I－C' 구조로 충분히 설명될 수 있음을
증명하는 것은 그리 어렵지 않다. 다음 [그림－5]는 모든 방법론들의 로드맵
이 '프로세스 개선 방법론'의 로드맵인 'D－M－A－I－C'로 해석될 수 있음
을 나타낸다. 증명(?) 절차에 관심 있는 독자는 「Be the Solver_프로세스 개선
방법론」편의 '개요'를 참고하기 바란다.

[그림－5] 방법론 로드맵의 포함 관계

　　수주 과제의 전개는 크게 두 개의 유형으로 구분 짓는데, 이어지는 주제에

서 자세히 알아보자.

2.1. '목표 기업(Target Company)'이 정해져 있지 않은 경우

　'영업 수주 방법론'은 수주 과정과 맥을 같이한다. 따라서 여기엔 반드시 '목표 기업(Target Company)'이 존재한다. 일단 '목표 기업'이 정해지면 '영업 수주 방법론'으로 바로 들어가지만 그렇지 않은 경우 '분석'이 필요할 수 있다. 예를 들어, A라는 제품의 판매량 확대가 목표인 과제에서 시장의 포화로 더 이상 고객이 존재하지 않거나 또는 '가망 고객'[10]을 발굴할 필요가 있다면, 현재 알고 있는 정보만으로 성사시키긴 쉽지 않다. 이 경우 경쟁사와 거래하고 있는 업체들의 목록과 그들의 주 구매 품목, 그들 고객사와의 거래 관계, 회사 재무 상태, 시장 점유율, 대표자의 경영 마인드 등 당사와 거래가 가능한 '가망 고객'인지를 조심스럽게 파악할 필요가 있으며, 아예 목록조차 없으면 '잠재 고객'들을 직접 찾아나서는 어려운 상황도 발생할 수 있다. 이와 같이 '목표 기업'을 찾기 위한 사전 '분석'의 필요성은 '프로세스 개선 방법론(DMAIC 로드맵)'으로 대응하는 것이 바람직하다. 이에 대한 개념도는 다음 [그림-6]과 같다.

[그림-6] '목표 기업'이 정해져 있지 않은 경우의 전개

―――――――――――――――――

10) '가망 고객'은 판매가 성사될 조건들을 갖추고 있어 향후 거래가 가능한 고객. 이에 반해 '잠재 고객'은 구체 정보가 없어 아직 '가망 고객'으로서의 조건을 판정치 못한 고객.

[그림－6]에서 시장의 '가망 고객'을 조사하고 분석해서 '목표 기업'이 확정되는 것까지가 'Analyze Phase'에서 수행되고, 계속해서 확정된 '목표 기업'을 'Improve Phase'로 넘겨 '영업 수주 방법론'의 '세부 로드맵'을 전개한다(즉, '영업 수주 방법론'의 '세부 로드맵'이 Improve Phase에서 돌아감). 그림에 적힌 'Face to Face'는 수주 과정 중 반복적으로 발생하는 고객 대면을 나타낸다. 즉, 고객과의 첫 대면에서 요구 사항을 수집했으면, 대응 전략을 마련한 뒤 다시 두 번째 대면을 이루고, 여기서 고객의 만족도와 새로운 요구 사항을 또 얻게 되면 그에 맞는 대응 전략을 다시 구상하는 일련의 과정을 반복한다. 'Improve Phase'의 완결은 결국 수주를 했는지 여부로 판단한다.

[그림－7] '목표 기업' 선정을 위한 분석 예

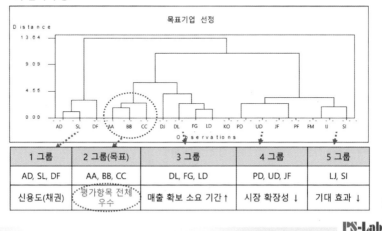

정리하면 '영업 수주 방법론'의 수행은 '목표 기업'이 정해져 있어야 한다. 따라서 '목표 기업이 정해져 있지 않은 상태'이면 '목표 기업'을 찾기 위한 '분석'이 요구되므로 'Analyze Phase'가 있는 '프로세스 개선 방법론'을 적용한다. 이때 '영업 수주 방법론'의 '세부 로드맵'은 Improve Phase 안에서 돌아간다. [그림-7]은 '목표 기업'을 찾기 위한 분석의 한 예로, 내용에서 통계적 방법을 이용해 '가망 고객사'들 중 '2 그룹'에 속한 기업들이 판매량을 올리는 데 중요한 '목표 기업'임을 알 수 있다. 분석 과정이 필요한 독자는 『Be the Solver_프로세스 설계 방법론』편의 'Step-4.3. 고객 선정'을 참고하기 바란다. 본문에서 별도의 설명은 생략한다.

2.2. '목표 기업'이 사전에 정해져 있는 경우

수주 물량을 확대하기 위해 어느 회사를 공략할지 사전 조사를 했거나 경영자로부터 부여받았다면 굳이 분석 과정을 추가할 필요는 없다. 이때는 바로 '영업 수주 방법론'의 '12-세부 로드맵'으로 들어간다. 물론 '영업 수주 방법론'은 그 자체로 'D-M-A-I-C'를 따르므로 '프로세스 개선 방법론'에 익숙한 리더들은 혼선을 느낄 필요가 없다. 다음 [그림-8]은 'D-M-A-I-C 로드맵'을 '영업 수주 방법론'의 '12-세부 로드맵'에 대응시킨 비교도이다.

[그림 - 8] ‘DMAIC 15 - Step’과 ‘영업 수주 방법론의 세부 로드맵’ 활동 비교

[그림 - 8]과 같이 ‘D - M - A - I - C’의 흐름과 ‘영업 수주 방법론’의 흐름이 별개가 아니라 서로 일대일 관계에 있음을 부연하면 다음과 같다.

① ‘Define’은 ‘과제 선정 배경’을 기술하고, 과제 수행에 대한 당위성을 설명하는 Phase다. ‘영업 수주 방법론’에선 ‘과제 선정 배경’이 <u>Step - 1. 목표 기업 선정</u>’에 대응한다. ‘영업 수주 방법론’이 수주를 목적으로 하는 방법론이므로 ‘목표 기업’이 확정되면 자연스럽게 수행 당위성도 성립하는 이유이다.

② ‘Measure’는 과제의 ‘Y’를 정하고, ‘현 수준/목표 수준’을 확인하며, 그 갭을 메울 ‘잠재 원인 변수’를 발굴하는 Phase다. ‘영업 수주 방법론’에선 ‘측

정 수단 결정'과 '현 수주 확률/목표 수주 확률' 및 '1차 대면 이해관계자 요구 정리'가 각각 대응한다. 'Step-4. 측정 수단 결정'은 '영업 수주 방법론' 경우 가장 중요하고 상황별 변화가 큰 활동인데, 앞으로 진행될 수주 활동의 진척도를 계량화하는 데 이용된다. 수주 제품이나 고객에 따라 '측정 수단'이 적절하게 마련돼야 하며, 이 작업에 리더와 팀원들의 노력이 요구된다. 두 번째 활동인 'Step-5. 현재/목표 수주 확률 결정'은 앞서 결정된 '측정 수단'을 통해 현재 얼마만큼의 수주 가능성을 확보하고 있는지 파악하게 되며, 동일한 척도로 경쟁사의 수주 확률도 산정하여 이 값보다 높은 수준의 목표를 설정하는 데 이용한다. 끝으로 'Step-6. 1차 대면 이해관계자 요구 정리'는 '잠재 원인 변수'가 'Y'를 개선시키는 데 필요한 'X'들이라면, 동일하게 '영업 수주 방법론'의 수주를 저해하는 요소는 '이해관계자를 만족시켜 주지 못한 요구 사항(X)'들에 있으므로 1차 방문 때 이해관계자의 요구 사항들을 목록화하는 활동이 필요하다. 수주란 결국 이해관계자의 요구를 얼마나 잘 들어주었느냐의 결과이기 때문이다.

③ 'Analyze'는 현 수준과 목표 수준의 차이를 유발하는 진정한 변수가 무엇인지 확인해서, 그에 따른 프로세스 내 '개선 방향'을 설정하는 활동으로, '영업 수주 방법론'에선 1차 대면 시 수집된 이해관계자 요구 사항들을 팀원들과 검토하는 'Step-7. 1차 대면 이해관계자 요구 분석'과, 이를 바탕으로 고객에게 제안할 안을 구성하는 'Step-8. 대응 전략 결정' 활동으로 구분된다.

④ 'Improve'는 Analyze Phase에서의 '개선 방향'을 구체화시켜 프로세스에 적용하거나 또는 적용 준비를 마친 후 결과를 확인하는 활동으로, '영업 수주 방법론'에선 'Step-9. Face to Face 반복'에서 1차로 마련된 '대응 전략'을 들

고 2차 방문을 한다. 여기서 '이해관계자의 반응 관찰 → 새로운 요구 사항 접수 → 그에 대한 새로운 대응 전략 마련'을 수행하며, 최종 수주 여부가 판정될 때까지 이 과정은 반복된다.

⑤ 'Control'은 마련된 최적화를 실제 프로세스에서 확인하기 위한 계획을 수립하고 실행하며, 최종 관리 부서에 이관하는 활동이다. '영업 수주 방법론'에선 'Step－11. 공급 계획 수립'에서 고객과 생산 부서에 수주 물량에 대한 공급 계획을 공유하고, 'Step－12. 이관 및 수주 내용 보고'에서 과제 종료에 필요한 활동을 수행한다.

'DMAIC 15－Step'은 각 'Step' 아래에 수 개의 '세부 로드맵'이 존재하는데 반해, 12개의 '세부 로드맵'으로 이루어진 '영업 수주 방법론'은 더 이상 세분화하지 않는다. 이런 구조 때문에 불필요한 문서 작업(사실 이런 표현은 쓰고 싶지 않다. 문서란 필요한 사항을 꼭 기록해야 하는 과정으로 양이 많으면 많은 대로 작성해야 하는 필요 활동이다. 본문에선 '프로세스 개선 방법론'의 '40－세부 로드맵' 전체를 수행할 필요가 없다는 의미로 받아들이기 바란다)이 거의 없고, 수주 활동과 밀착된 진행이 가능하다. 이런 이유로 [그림－8]의 '영업 수주 방법론 12－Step'이란 명칭 대신에 '영업 수주 방법론 세부 로드맵'으로 처음부터 표현하였다. 즉, '영업 수주 방법론'은 전체가 '12개'의 '세부 로드맵'으로 이루어진 매우 단순한 구조이다.

3. '영업 수주 방법론' 국내 적용 사례

'영업 수주 방법론'은 수주 과제에 매우 유용한 접근법임에도 생각만큼 기업 내 적용 사례나 추진 체계가 그렇게 많이 알려져 있지 않다. 그 이유는 방법론을 정립한 GE의 사례가 매우 단순하게 전해져 있어(의료기 단품을 판매하기 위한 접근법), 기업별 다양한 제품이나 영업 방식에 그 유용성을 검증할 기회가 없었고, 좀 부정적 시각이긴 하지만 잘 만들어진 것은 빠르게 따라잡는 데 반해, 반대로 잘 만들어져 있지 않은 경우 아예 쳐다보지도 않는 우리네 습성이 반영된 경우가 아닌가 싶다. 'Made'엔 적극적인데 'Making'하는 덴 시간과 자원을 별로 투자하지 않는다는 얘기다. 또 다른 추정은 영업 활동은 다른 과제들에 비해 그 내용이 공개되면 기업에 미칠 부정적 파장이 클 것이므로 외부로의 유출을 원천 봉쇄하는 정책이 있을 수 있다. 국내 많은 대기업 영업 과제를 멘토링한 필자로서는 '영업 수주 방법론'에 대한 국내의 낮은 인지도로부터 아마 외국의 사례도 그리 많진 않았을 것으로 짐작된다. 사실 영업 과제를 멘토링하면서 '영업 수주 방법론'을 언급하면 내용은 고사하고 명칭 자체도 들어보지 못한 리더들이 대부분인 점을 고려할 때 앞서 나열한 원인들의 추정은 설득력이 있다. 그러나 전혀 없진 않다. 국내에서 유독 이 방법론 활용에 집중한 기업이 있는데, 바로 삼성 SDS다.

오래된 기사긴 한데 2003년 'Newsworld'[11]에 실린 일부를 다음에 옮겨놓았다. 영문으로 돼 있어 바로 아래에 번역을 포함시켰다.

---

11) www.newsworld.co.kr/cont/0706/50.htm

(중략) The company introduced the Six Sigma for the first time in the IT Service industry as a company-wide reform tool because it was easy to be applied in daily office business and easy to learn also under the formula of "business-6 sigma"with the catch phrase of 'Six Sigma in Life.' Samsung SDS has been able to secure a reform process for SI business, its main area of endeavor from the practice of the Six Sigma, with MFSS(marketing for six sigma), 영업 수주 방법론(sales for six sigma) and IFSS (innovator for six sigma) being the main products that the company developed as its unique ways to push the Six Sigma for maximum results for the company.

(번역) 삼성 SDS는 전사의 체제를 혁신할 목적으로 IT 서비스 산업 최초로 배우기 쉬우면서 적용도 용이한 6시그마를 도입하였고, 이 활동을 일상화하기 위한 캐치프레이즈로 "Business-6 Sigma"를 내걸었다. 또 효과를 극대화하기 위해 필요한 특화된 6시그마 방법론인 MFSS, SFSS(영업 수주 방법론), IFSS들을 개발했으며, SI(System Integration)사업에서의 프로세스 혁신을 이루는 데 활용해 오고 있다.

이 기사뿐만 아니라 인터넷 포털에서 'SFSS(Sles for Six Sigma)'로 검색해보면 대부분 삼성 SDS가 주를 이룬다. 6시그마가 한창인 당시 국내에선 자랑할 만한 이슈였음에 틀림없다. 특히, 이 회사는 자사가 보유한 방법론 활용에 매우 적극적인 자세를 보였는데, 마치 GE의 CRD(Corporate Research & Development)센터에서 그들이 개발한 'DFSS(Design for Six Sigma) 로드맵('DIDOV'를 특허로 등록함)' 사례와 동일하게 다음의 제목으로 특허를 출원하기도 했다.

> · **영업 수주 방법론** (특허) 6시그마 방법론을 통한 세일즈 방법(출원인: 삼성에스
> 디에스 주식회사), 출원번호: 1020050068149(2005.07.27.)
> · **MFSS** (특허) 6시그마 방법론을 통한 마케팅, 세일즈 및 개발 과정 통합 방법
> (출원인: 삼성에스디에스), 출원번호: 1020050068141(2005.7.27.)

또 이에 그치지 않고 그룹 계열사로 '영업 수주 방법론'의 적극적 전파에도
기여했는데, 지금은 인터넷 검색에 나타나지 않으나 2006. 3. 24일 '삼성 중공
업'에 대한 기사에 다음과 같은 내용이 실린 바 있다.

> 조선해양영업실은 3월 24일(금) 서울사무소 19층 국제회의실에서 전사 영업부문
> 의 6시그마 역량 강화를 위한 영업 수주 방법론(Sales for Six Sigma) 설명회…
> (중략) 영업 수주 방법론 설명회는 삼성SDS가 개발해 현업 적용에 성공한 6시그
> 마 툴을 우리 회사의 부문별 영업 활동에 적용하기 위해 마련된 자리로… (중략)
> 삼성SDS 김기택 수석보의 설명으로 진행된 이날 설명회는 영업 수주 방법론의
> 방법론과 적용 성공 사례를 중점적으로 설명해, 영업 부문에서 어렵게만 느껴졌던
> 6시그마 과제에 대한 자신감과 공감대를 형성하는 계기를 마련… (중략) 4월 말
> 까지 중공업식 영업 수주 방법론 개발과 담당자 교육을 완료하고 5월부터 영업
> 수주 방법론으로 과제를 수행… (중략).

이와 같은 적극적 노력에도 불구하고 사실 여러 기업으로의 수평적 확산엔
실패했는데, 특허 공개 시점이 2007년으로 늦은 점도 한몫했지만 여러 분야의
영업 활동에 맞도록 응용하려는 노력이 부족했던 것으로 보인다. 누군가가 집
중적인 연구를 했으면 하는 아쉬움이 남는다. 이후 2007년 자동차 부품 제조
사인 M사 본사 영업팀에서 국내와 해외 수주 과제를 위해 필자가 지도 위원

으로 합류하면서 방법론을 구체화시켰으며, 이후 제철 기업인 D사의 마케팅/영업 수주 과제 수행에 본격적으로 활용하였다.

다음 [그림 - 9]는 필자의 국내 컨설팅 경험을 바탕으로 한, 기업 내 '마케팅 방법론(MFSS)', '영업 수주 방법론(SFSS)', '제품 설계 방법론(DFSS_t)' 간 업무 관계를 보여주는 개요도이다.[12]

[그림 - 9] '마케팅 방법론'과 '영업 수주 방법론' 및 '제품 설계 방법론' 간 관계

기업에 따라 마케팅 부서와 영업 부서가 한 몸인 경우도 있지만 통상은 '마케팅 부서'는 '정보의 품질'을 다루고, '영업 부서'는 '매출과 영업 이익'을 다룬다. 우선 '마케팅 부서'에서 시장이나 경쟁사의 동향, 고객 요구 사항의 변화 또는 관련된 산업의 추이를 파악하기 위해 다양한 데이터 수집과 분석을 수행하며, 이를 바탕으로 자사 성장에 필요한 '정보'를 생산한다. 따라서 이 '정보의 질'에 따라 얼마나 원활한 의사 결정이 이루어질지가 결정될뿐더러 앞으로 어느 제품, 어느 포트폴리오, 또 어느 방향으로 나아가야 할지도 결정

---

12) SFSS(Sales for Six Sigma), MFSS(Marketing for Six Sigma), DFSS_t(Design for Six Sigma_technical).

된다. 이때 시장 분석으로부터 기존 제품과 자원만으로 영업 이익을 최대로 높일 수 있다고 결론 나면, 이 정보를 '영업 부서'로 넘겨 목표 설정과 활동 계획 수립 등에 활용한다(영업 수주 방법론). 그러나 시장 분석 결과 현재의 제품 포트폴리오로는 더 이상의 성장이 어렵다고 판단하거나 경쟁사의 새로운 동향을 감지했다면, 신제품이나 개량 제품의 주문이 필요하고, 따라서 이때의 정보는 '연구부서(R&D Center)'로 넘겨져 히트 상품을 개발하도록 유도한다(제품 설계 방법론). 물론 마케팅 부서가 없는 기업이면 영업 또는 R&D Center 내에 시장 분석 기능이 포함돼 있을 것이다.

마케팅, 영업, 연구 부서들 간 정보의 교류가 많은 기업일수록 '영업 수주 방법론'의 필요성은 더욱 높아지고, 성공 사례가 늘어날수록 더 많은 기업으로 빠르게 확산될 것이다.

4. '영업 수주 방법론' 사용의 장점

지금까지 '영업 수주 방법론'의 탄생 배경과 로드맵 개요, 국내 적용 사례 등에 대해 알아보았다. 이 단원에선 '영업 수주 방법론' 적용에 따른 장점들에 대해 알아보자.

모 기업에서 수주 과제를 멘토링할 때의 일이다. A 제품 국내 판매팀의 부장과 대리가 멘토링 시간에 참석했다. 부장은 첫 대면에서 고민을 털어놓기 시작했다. "우리 팀에서 기존 제품의 새로운 용도를 개발해 판매 확대를 꾀하고 있습니다. 물론 고객도 기존 거래 관계에 있지 않은 새로운 대상을 접해야 하고요. 그런데 앞으로 전개될 활동이 과연 과제로 적합한지가 의문스럽습니다. 꼭 해야 하는 중요도 입장에선 우선순위가 높은 반면, 사실 교육을 받았던 내용만으론 무슨 일을 어떻게 해나가야 할지 감이 잡히지 않습니다. 그렇다고 다른 과제를 억지로 잡아 맞춰 나가기엔 우스운 상황이 되고 어찌했으면 좋겠습니까?" 필자는 그 영업팀 임원의 혁신 활동에 대한 관심과 스스로의 굳건한 철학이 있음을 익히 들어온 터였다. 따라서 임원의 눈속임을 통해 과제가 진행된다면 아마 용납되지 않을 상황이란 것쯤도 알고 있었다. 조심스러운 상황이긴 했으나 필자의 답은 명확했다. 우선 고객이 정해져 있는지 물었고, 두어 개 업체로 압축돼 있음을 확인하였다. 이어 "'영업 수주 방법론'으로 전개하시면 됩니다"라고 답해주었다. 부장은 이내 그게 무슨 방법인지 되물었고 필자는 방법론 전개 과정에 대해 간단히 소개하였다. 그때의 부장 얼굴이 아직도 눈에 선하다. 과제를 수행해야 하는 압박감(?)과 담당 임원을 생각했을 때 무늬만 갖춰선 안 된다는 책임감에 짓눌려 있던 부장이 본인의 영업 활동과 일치하면서 문서 양도 거의 없을뿐더러, 또 배웠던 내용 테두리 안에서 통용되는 방법론이라니 단 20여 분 만에 골치 아픈 문제들이 모두 사라진 순간이었다. 사실 수주 과제에 '영업 수주 방법론'을 활용했던 영업 사원치고 불만족을 드러낸 사람은 단 한 명도 없었다. 단지 너무 쉽고 편해 이렇게 해도 괜찮은지 조심스럽게 확인하는 일 빼고는 말이다. 안타까운 일이긴 하지만 그동안 '프로세스 개선 방법론(DMAIC 로드맵)' 하나만으로 성격이 다른 영역까지 아울러 밀어붙였던 행적을 깊이 있게 반성해야 하지 않을까. 한편으론 영업 활동의 특수성을 고려하지 않은 컨설턴트들의 책임도 크게 물어야 할 대목이다. 이렇게 좋아하는 방법론을 두고 왜 영업 부서에선 늘 혁신 활동에 비협조적이고 저항만 해대는지 오히려 불만만 토로해왔던 것을 거꾸로 반성해야 할 일이다. 장점을 요약하면 다음과 같다.

① 오로지 수주 과제만을 위한 방법론이다.

「1. '영업 수주 방법론' 그 이름의 시작」에서도 언급했지만, 이 방법론은 오로지 영업 부서의 외부 활동인 '수주 과제'만을 위한 방법론이다. 경험상 '수주 과제'는 다음과 같은 유형으로 나뉜다.

[표-2] 수주 과제의 유형

수주 과제 유형	설명
판매 확대	주로 기존 고객을 대상으로 판매량을 추가 확대하는 과제
신규 고객 확보	영업력이 미치는 기존 공간에서, 거래하지 않던 고객을 확보하는 과제
신시장 개척	영업력이 미치지 않는 공간에서 기존 제품의 판매를 확대하는 과제
틈새시장 개척	미처 보지 못했던 시장을 찾아 기존 제품의 판매를 확대하는 과제
용도 개발	기존 제품 또는 약간의 개량을 통해 타 영역으로 확대하려는 과제
계약 유지	주로 OEM 업체에서 발생되며, 계약이 이루어진 상태에서 설계 변경 요청 시 비용을 최소화하려는 과제 또는 유익한 설계 변경을 제시하여 부가 이익을 추구하는 과제

맨 끝의 '계약 유지'는 제품 생산을 의뢰한 고객과 설계 변경에 대한 협의

과정이 있는 경우에만 해당된다. 1회성 설계 변경 요청으로 일이 처리되는 경우라면 '즉 실천(개선) 방법론'이나 '빠른 해결 방법론(3개월 이내)' 등이 적합하다.

'영업 수주 방법론' 적용 시 주의할 사항이 있다. 이미 협상이 완료되었거나 거의 완료된 상태, 또는 과제 수행 초기지만 앞으로 어떻게 벌어질지 충분히 예측되는 거래, 고객사에 요청만 하면 바로 판매량이 늘어나는 거래 등은 이미 과제가 아니다. 따라서 과제가 아닌 것을 '영업 수주 방법론'으로 전개한다는 것은 정리, 즉 "영업에서 혁신은 Paper Work!"라고 그렇게 소리쳤던 주장을 스스로 실천하는 꼴이 된다. 만일 학습 목적이면 그 자체가 의미 있으므로 과제로 등록하진 말고 '영업 수주 방법론'의 템플릿 이용을 제안한다. '과제'란 "처리하거나 해결해야 할 문제"이다. 그렇지 않음에도 '과제'로 등록해서 '영업 수주 방법론' 전개에 단지 끼워 맞추는 모습은 이제 해서는 안 될 일이다. 관리 감독할 임원의 역할이 중요한 대목이다.

② 수주 여부와의 '인과관계'를 알 수 있다.

영업에서 가장 힘들고, 또 혁신 활동이 업무에 잘 안 맞는다고 주장하는 한 측면이 바로 '인과관계의 규명'이다. '문제 해결 방법론(PSM)'의 가장 큰 특징이 팀원들이 일궈낸 성과의 인과성을 규명하고 재현하는 것인데 영업에선 이들이 모두 어렵다는 논리다. 로드맵 관점에선 'Analyze Phase'에 해당한다. 즉, 통계 분석이 있어야 수주 결과에 대한 원인이 무엇인지 설명이 가능한데 사람을 만나는 일에 무슨 데이터가 있을 것이며 통계적 해석이 가능하겠는가 말이다. 그런데 거꾸로 질문하면 또 묘한 여운이 남는다. 예를 들어, "수주가 무엇때문에 이루어졌죠?" 하는 식의 질문 말이다. 원인을 파악한 뒤 결과인 수주 여부를 설명하려는 로드맵적 흐름이 아닌, 결과 관점에서 역으로 '원인'을 묻는 모양새인데, "아, 예. 판가를 경쟁사보다 낮추었거든요" 등의 답변이 올 수 있다. 어라, 그럼 수주 여부가 결정되고 난 다음, 판가를 낮추는 사건이 올 순 없으므로 결국 여러 활동 중 "판가를 낮춘 의사 결정"이 결과인 수주 여부를 결정짓게 된 것 아닌가? 말장난 그만두라고 소리칠지도 모를 일이다. 당연히 이 상황은 '판가를 낮춘 의사 결정' 때문에 수주가 이루어진 것이므로 두 사건 간 '인과관계'가 성립한다. **데이터가 없어 그 관계를 어떻게 규명하겠냐고 주장하기보다 왜 꼭 데이터로만 인과성을 규명해야 한다고 생각하는지 우리의 선입견을 탓해야**만 한다.

'영업 수주 방법론' 전개 중 이해관계자의 요구 사항이나 불만 사항을 사무실 내에서 팀원들과 하나하나 어떻게 대응할 것인지 논하고, 최종 안(Proposal) 마련을 의사 결정했다면, '이해관계자 요구 사항 수집 → 팀원 간 논의된 내용 → 그들 중 선별된 안 → 최종 확정된 안' 들이 일목요연하게 정리돼 있을 때, 바로 이 내용들이 '인과관계'를 설명할 '원인(X)'들이 된다. 결국 이 의사 결정된 '제안(Proposal)'들이 부적절하면 고객은 구매력이 떨어질 것이고 수주는 실패한다. 이해관계자 대면(Face to Face) 전 어떤 깊이 있는 전략을 구상했고, 또 적합한 제안이 마련되었는지의 표현이 꼭 필요한 이유이다.

③ 노하우(Knowhow) 전수가 가능하다.

영업 담당자의 역량을 보통 무엇으로 나타낼까? 동종 업계에 몸담았던 기간도 중요한 경력이 될 수 있고, 다양한 제품군의 영업 현장 경험도 역량을 평가하는 척도가 될 수 있다. 또 측정하긴 어렵지만 고객을 대하는 자신만의 노하우도 그중 하나가 될 수 있고, 그 외에 임기응변, 화술, 제품 이해도, 제조 공정 관리 경험 등등 따지고 보면 규정할 수 없는 수많은 이력이나 개성 등이 혼재돼 하나의 영업적 소양이나 역량을 발휘한다고 볼 수 있다. 그런데 이런 항목들로 영업 직원의 역량을 규정하면 새롭게 영입되는 신입 인력들에게 사실 가르쳐줄 만한 내용이 별로 없다. 그만큼의 학습 기간 동안 체득해야 된다거나, 일단 공정 관리 경험을 수년간 체험한 뒤 영업으로 오라고 해야 하지 않을까? 아니면 선천적으로 타고난 사람들을 발굴하는 기술이 필요할는지도 모른다. 물론 다른 기능 부서도 마찬가지겠지만, 특히 영업에선 고객과 대면하는 일에 매뉴얼을 만들어 운영하기란 쉽지 않은 일이다(다른 기능 부서들은 정해진 프로세스에 대해 매뉴얼이나 지침 등의 규정집 작성이 상대적으로 용이하다). 이에 대응해 무형의 활동을 다루는 '영업 수주 방법론' 전개에도 노하우를 축적시키는 전략이 포함돼 있다. 다음 [그림 – 10]을 보자.

[그림 – 10] 노하우 축적을 위한 방안

[그림 – 10]에서 오른쪽 빨간 타원 점선 표시를 보면 파일들이 파란색 선으

로 확보된 공간에 '개체 삽입'돼 있다. 수주 활동을 하면서 고객과의 대면이 계속 일어나고 그때마다 새로운 요구 사항이 생기며, 또 그들에 대응하기 위한 자사의 전략도 마련된다. 이때 전략 구상에 참여한 인력, 일시, 토의 내용 등이나 그를 뒷받침할 기술 자료, 문헌, 내부 자료, 고객과의 사이에서 발생된 문건 등이 존재하며, 이들은 최종 수주 여부를 판단하게 할 근거 자료 역할을 한다. 무슨 내용을 어떻게 판단했으며 무엇을 근거로 했느냐는 곧 '프로세스 방법론'에서 언급된 'Vital Few Xs'에 대응한다. '영업 수주 방법론' 전개 과정에 발생된 이 자료들이 파워포인트 장표에 '개체 삽입'됨으로써 과제 수행 중 의사 결정권자의 뛰어난 전략적 대응이 무엇이었는지, 어떤 점을 향후 보완해야 하는지뿐만 아니라 새롭게 이 일을 시작하는 임직원들에게까지 참조됨으로써 일의 성격이나 고객의 성향 등을 일목요연하게 파악하는 기회로 작용한다. 즉, 무정형의 프로세스(변화가 심한 고객을 대면하는 업무라 이렇게 표현해보았다)에서 노하우가 체계적으로 누적되고 관리되는 현실을 적나라하게 경험하게 된다.

필요한 설명은 다 한 것 같다. 여기까지의 내용은 사업부장 또는 담당 임원이 '영업 수주 방법론'의 필요성을 느끼게 할 내용이 주를 이룬다. 이제부턴 '세부 로드맵'을 통해 리더들의 과제 수행에 따른 전개법, 작성법들에 대해 알아보자.

Define: 준비하기

수주 활동엔 상대(고객)가 있고, 결국 상대를 설득해 우리 제품을 구매토록 하는 게 핵심이다. 따라서 Define Phase는 상대를 식별하고 고객 대면을 위한 일정을 수립한다. 여기서 '상대'란 '목표 기업'이 정해졌을 때 그 기업에 속한 '이해관계자'를 지칭한다.

Define Phase 개요

　　'프로세스 개선 방법론(DMAIC 로드맵)'에 익숙한 리더라면 'Define Phase'에서 해야 할 일들에 대해서도 매우 익숙할 것이다. 예를 들어, 앞으로 수행할 과제가 고객, 경쟁사, 자사 관점 중 어떤 배경을 갖고 탄생했는지를 표현하는 '과제 선정 배경 기술', 그런 상황을 따라가지 못한 우리 내부의 문제가 무엇인지 파악하는 '문제 기술', 문제를 극복하면 목표가 달성될 것이므로 이어서 '목표 기술'이 오며, '목표(지표 관점)'가 달성되면 재무적 이득이 생기므로 '효과 기술'이 오게 된다(재무 관점). 단적으로 돈도 안 되고, 지표 향상도 미미하며, 내부적으로 문제의 공감대 형성도 별로고, 대외적으로 고객이나 경쟁사 등의 위협도 없는 상황이면 굳이 수개월간 시간과 자원을 투입할 하등의 이유가 없기 때문에 모두가 없어선 안 될 핵심 내용들이다. 여기까지가 통상 '과제 정의'로 분류되고, 다음이 '과제 관리', 즉 앞으로 어떤 식으로 전개해 나가겠다는 계획을 알리는데, 이때 나오는 '세부 로드맵'들은 어디에서 과제가 수행될 것인지를 정하는 '범위 기술', 그 범위 속 전문인과 수행해야 성공 확률이 높아질 것이므로 '팀원 기술'이 오고, 팀원과 함께 언제까지 어떤 일을 할 것인지 시간을 안배하는 '일정 기술'이 온다. 그러나 '영업 수주 방법론'은 적어도 이런 세부적 흐름과는 거리가 멀다. 또 다행인 것은 훨씬 단순하다.

　우선 'Step - 1. 목표 기업 선정'에서 판매량을 확대할 대상 기업을 정한다. 만일 이 'Step'에서 어느 기업이 우선시되는지 정할 수 없거나 그 수가 많으면 '목표 기업'을 찾기 위한 통계적 또는 정성적 분석이 수반된다. 그렇지 않은 경우면 간단히 정의하고 넘어간다(대부분의 경우, 현업에서 고객은 알려져 있다). 'Step - 2. 이해관계자 확인'은 앞서 정해진 기업에서 직접 대면할 담당자를 명시하는 단계로, 구매, 기술 부서에 속한 직원 또는 구매 결정에 영향력 있는 임원들이 포함된다. 끝으로 'Step – 3. 방문 일정 결정'은 이해관계자를 직접 대면할 시점을 명시하는 단계로, 통상은 1회성 만남이 아니라 반복적 만남이므로 매회 접촉 목적과 활동 내역을 'Gantt Chart' 등에 상세히 기록한다. 물론 계획이고 또 사람과의 만남이므로 변경될 가능성은 늘 열어두되, 만일 변경되면 그때그때 수정해 나간다. 이제부터 각 '세부 로드맵'의 내용에 대해 알아보자.

Step-1. 목표 기업 선정

         이 Step에서 수주나 판매량 확대를 위해 공략할 대상 기업을 정한다. 일반적으로 '[표 - 2] 수주 과제의 유형'에서 언급한 '수주 과제 유형'에 따라 '목표 기업'이 정해지는데, 기업의 선정은 전적으로 회사의 전략과 연계된다. 100년에 한 번 올까 말까 한 금융 위기 속에서 신규 시장을 확보하는 일은 매우 어려울 것이다. 이런 경우 회사는 기존 거래처를 대상으로 판매량을 확대하는 전략을 구사하는 게 현실적으로 유리하다. 꽁꽁 얼어붙은 시장에서 생판 모르는 신규 고객을 찾아 헤매느니 친밀도를 무기 삼아 몇몇 인센티브나 가격 이점을 제공함으로써 재고도 줄이고 가동률도 일정 수준 유지하는 방편이 기업 입장에선 유리하기 때문이다. 그러나 경기 회복 조짐이 보이거나 현격한 성장기에 접어들면 얘기는 달라진다. 시장 점유율을 높이고 새로운 용도 개발이나 신규 고객 확보를 통해 기업의 입지를 강화해 나갈 필요가 있으며, 이런 환경이면 대상 고객은 좀 더 공격적이고 혁신적 목표 달성에 적합하도록 설정돼야 한다. 이와 같이 '목표 기업'은 전적으로 사업 환경에 적응하기 위한 기업의 전략과 강한 연계성을 가질 수밖에 없다. 따라서 이 Step에서의 기업 선정은 'Bottom - up'이 아닌 'Top - down'으로 이루어지는 게 무엇보다 중요하다.

   간혹 수주 과제가 'Bottom - up'의 성격을 띠는 경우가 있다. 경영 혁신이라는 기치 아래 모두가 과제를 수행해야 하는 상황에서 사업부장의 암묵적 용인 하에 수준 미달의 과제들이 생산되곤 한다. 이들 과제는 공통점이 있는데, 하나는 이미 결과가 났거나 아주 가까운 장래에 예측대로 수주가 이루어지는 경우, 또 하나는 기존 거래처와의 일상적인 협의 정도로 판매량을 높일 수 있는 경우, 또는 대기업의 영향력을 이용해 판촉 활동이나 홍보 행사 등으로 수주나 판매량 향상이 가능한 경우 등이다. 이들은 고객 대면 없이 이루어지거나 있더라도 전략적 의사 결정 과정이 불필요한 유형들이며, 당연히 '목표 기업'을 선정하는 본 단계에 포함시켜서는 안 된다. 만일 포함시키게 되면 항상 되뇌던 'Paper Work'를 양산할 따름이다. '영업 수주 방법론'의 '목표 기업'은 반드시 전략적 의사 결정 과정을 거쳐 이루어지는 진정성의 수주 과제에만 의미가 있음을 명심하자. 아마도 제품군 또는 부서별로 몇몇 과제들만이 해당될 것이며, 주변에 누가 보더라도 공략하기 매우 힘든 '기업'임을 인정받아야 한다. 다음 [그림 D-1]은 '목표 기업'을 선정한 파워포인트 작성 예이다.

[그림 D-1] 'Step-1. 목표 기업 선정' 작성 예

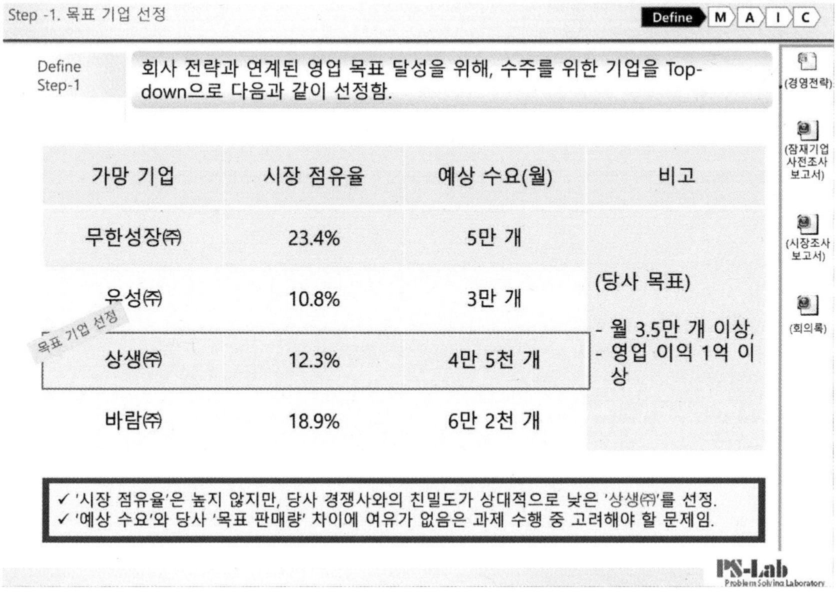

[그림 D-1]에 나타난 기업들 목록은 매우 단순화시킨 예이지만 실제 과제 수행에서도 복잡하고 많은 양의 자료가 필요치는 않다. 왜냐하면 고객사나 시

장 정보 자료는 과제 수행 기간과 시차를 달리해 조사되거나 수집되는 경우가 많으므로 굳이 그들을 다시 장표화할 필요가 없기 때문이다. 관련된 자료는 모두 '개체 삽입'으로 처리하는 것이 바람직하다. 예에서는 표 내 '비고'에서 언급한 '당사 목표'의 설정 근거인 '경영 전략' 파일과, 그 외에 '잠재 기업 사전 조사 보고서' 및 '시장 조사 보고서'를 '개체 삽입'으로 첨부해놓았다(고 가정한다). 이 모든 자료를 근거로 요약한 '가망 기업'들 목록에서 경영 목표(월 3.5만 개 이상, 영업 이익 1억 이상) 달성이 가능하면서 상대적으로 공략에 유리(경쟁사와의 친밀도가 상대적으로 낮은)한 '상생(주)'을 '목표 기업'으로 선정하였다(고 가정한다). 물론 이 Step에서 가장 중요한 내용은 바로 팀원들이 '목표 기업'을 어떤 근거로 선정하게 되었는지에 대한 배경 설명이다. 선정 배경의 포함이 본 장표의 존재 이유이다. 배경은 '개체 삽입' 중 '회의록' 문서에 상세히 기록돼 있다(고 가정한다).

'이해관계자(Stakeholder)'란 네이버 용어 사전에 의하면 "기업에 대하여 이해관계를 갖는 개인 또는 그룹을 말하며, 주주나 사채권자 외에도 노동자, 하청 업체 등도 기업의 이해관계자로 본다"로 정의한다. 또, 한편에선 범위를 좀 더 확장해서 고객까지도 포함하곤 한다. 다음 [그림 D-2]는 '이해관계자'를 설명하는 개요도이다(출처: www.tnsglobal.com).

[그림 D-2] '이해관계자' 유형 예

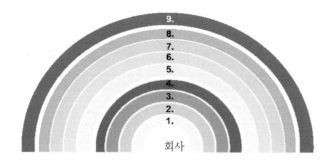

회사-내부(The Company-Internal)
1. 경영진(Management)
2. 종업원(Employees)
3. 전략적 동반자(Strategic Partners)
4. 사내 부서(Internal Departments)

환경-외부(The Environment-External)
5. 고객(Customers)
6. 배급업자(Distributors)
7. 공급자(Suppliers)
8. 주주(Shareholders)
9. 기업 명성(Corporate Reputation)

그러나 수주 방법론에서의 '이해관계자' 의미는 단순히 거래처에서 직접 대면할 당사자들이다. 그렇다고 대면만 한다고 모두 '이해관계자'로 결정되는 것은 아니다. 적어도 의사 결정에 필요한 정보를 내부 체계를 통해 보고하고, 또 확인된 결과가 대면 또는 통신 수단을 거쳐 당사에 전달도 해주는, 수주 활동에 대한 의사 결정과 보고 체계의 선상에 존재하는 인물이어야 한다. 제품을 판매하는 제조 회사 경우, '목표 기업'의 구매부서 임직원이나 제품의 기술적 특성을 이해할 연구 개발 부서의 연구원들이 해당된다. 서비스 부문은 의사 결정에 핵심적으로 참여할 인사(교수, 전문가 등)들이 '이해관계자'에 속하는데, 당사에 얼마만큼 친밀도나 우호감을 갖는 인물들이 비중 있게 포함되느냐가 중요하기 때문이다. 얼마 전 TV에서 대형 관급 공사에 건설사들이 평가에 참여할 교수들을 대상으로 로비하는 행태가 추적 보도된 적이 있었다. 자사에 유리한 의사 결정자를 확보하기 위한 이권 다툼의 부정적 단면을 보여준 예라 하겠다.

'이해관계자 확인'의 최고 난이도가 속된 말로 '맨땅에 헤딩하는 과제'에서 나타나곤 한다. 즉, 전혀 가보지 못한 시장에 진출하려는 혁신 과제 경우 오랜 사업 경험을 토대로 기본 조사만 갖고 '목표 기업'에 대한 자료 확보가 가능하지만, 기업 내 '이해관계자'가 누구인지는 전혀 알 수 없다. 거래한 적도 없고 '목표 기업'의 조직도 전혀 파악이 안 된 상태이기 때문인데, 이 정도의 무모(?)한 과제라면 한마디 해주곤 한다. "진정한 혁신 과제군요. 신나는 과제가 될 것 같습니다"라고. 이 글을 읽고 있을 독자도 그럴 테지만 리더 당사자들도 이 말엔 별로 동의하지 않는다. 그런데 어려운 과제를 성사시키는 데 무한한 노력과 난관이 따르게 돼 부담스럽긴 해도, 결과는 성공 아니면 실패 두 가지로 대변될 것이며, 전자의 경우는 큰 성과로 인정받게 돼 영광스럽지만, 후자라도 어려운 일을 하면서 터득한 경험과 축적된 지식은 결코 성공에 비해 미약한 것으로 볼 수만은 없다. 따라서 어느 쪽으로 결론이 나든 회사나 개인에 주어지는 유·무형의 효과는 매우 크고 의미 있는 일이다. 다음 [그림 D-3]은 '목표 기업'의 '이해관계자'를 정리한 예이다.

[그림 D－3] '목표 기업'의 '이해관계자' 및 당사 '영업 담당자' 정의

Step -2. 이해 관계자 확인

Define M A I C

Define Step-2

당사 제품 구매에 영향력 있고, 접촉이 가능한 고객 사 담당자를 확인해서 결정한다.

(구매 팀 조직도)

(제품 평가서)

이해 관계자	부서	직책	비고
김 말 동	구매 팀	상무	구매에 실질적 의사 결정권자
박 회 사	구매 팀	부장	협상 당사자
이 구 매	개발 팀	선임	제품 품질 평가 담당자

방문자	부서	직책	비고
윤 판 매	A제품 영업 팀	부장	판매책임
강 이 득	A 제품 영업 팀	과장	판매담당
조 수 요	개발 팀	선임	제품 품질평가

✓ 고객 사 구매 결정에 영향력 있는 상무 외 협상에 참여할 담당 부장 및 품질 평가자 확인.
✓ 당사 판매 담당자 영업 팀 2명 및 품질 평가 담당의 개발 팀 1명 선정.

PS-Lab Problem Solving Laboratory

[그림 D－3]에서 '목표 기업'의 구매 결정권자 및 협상 담당자와 제품 품질을 학인해줄 개발 담당자를 명시하였다. 더불어 이들과 협상을 벌일 당사 영업 담당자 2명과 품질 평가를 담당할 개발팀 1명이 선임되었다. '개체 삽입' 문서로 어렵게 입수한 '목표 기업 구매팀 조직도'와 경쟁사 제품과의 품질 벤치마킹 보고서가 포함돼 있다(고 가정한다).

Step-3. 방문 일정 결정

'방문 일정 결정'은 크게 세 가지로 나누어 생각해볼 수 있다. 하나는 'D-M-A-I-C' 각 Phase의 '수행 기간'을 설정하는 일이고, 다른 하나는 '접촉 빈도', 끝으로 '방문 시점'의 결정이다. 다행스럽게도 '영업 수주 방법론' 경우, 두 번째의 '접촉 빈도'는 '세부 로드맵'상 Measure Phase 1회, Analyze Phase 1회로 정해져 있고, 나머진 수주 여부가 결정될 때까지 Improve Phase에서 반복되므로 별도의 고려는 불필요하다. 단, '방문 시점' 경우, 고객사와 협의가 된 상태라면 '방문 시점'의 신뢰도는 높아지지만 꼭 사전 협의가 있을 필요는 없다. 특히 처음 접촉하는 '목표 기업'이면 과제 수행 기간 내 적절한 시점을 자체적으로 정하는 것도 한 방법이다.

문제는 Phase별 '수행 기간'의 결정이다. 한 달에 한 Phase씩 설정하는 것은 경영 혁신 초창기 때 한 달에 한 주씩 교육을 받은 후, 나머지 3주 동안 과제를 수행하던 교육 운영의 잔재물이다. 과제 내용이나 난이도 등이 제각각일 텐데 어떻게 각 Phase가 한 달씩 끊어서 마무리될 수 있겠는가 말이다. 물론 그렇게만 된다면 관리나 실제 운영에 큰 장점은 되겠지만…. 일정을 수립할 때 필자가 꼭 해주는 말이 있다. 즉, "일정은 전략적으로 안배하십시오"이다.

'프로세스 개선 방법론'의 로드맵인 'D-M-A-I-C' 경우 Control Phase는 현업 프로세스에서 검증을 수행하는 활동이며 과제 성격에 관계없이 3주 이상 무작정 확보해둬야 한다. 따라서 나머지 기간 중 원인이 잘 알려져 있지 않으면 Analyze Phase를 1달 이상으로, 또는 원인을 대충 알고 있는 상황이면 Improve Phase를 1달 이상 잡는 것이 유리하다. 대부분의 과제 수행 기간은 Analyze 또는 Improve 둘 중 하나가 길게 소요되며, 모두가 한 달씩 할당되는 것은 실제 문제 해결 활동과 일치하지 않는다. 만일 Analyze와 Improve에서의 활동 윤곽이 거의 잡혀 있으면 전체 수행 기간을 줄인다.

이 같은 수행 기간의 인식은 '영업 수주 방법론'의 수행 기간 결정에도 그대로 적용된다. 과제 성격과 고객의 성향별 일의 흐름을 사전 검토해서 기간을 조절한다. 예를 들어, 'Sample'을 전해줘야 함에도 사내에서 제작하는 기간을 고려치 않거나, 고객사에서 'Sample 승인'을 위한 평가 기간 등을 미리 염두에 두지 않으면 계획은 여지없이 흐트러지고 만다. 최악의 경우 기간 내 과제가 종료되지 않을 수도 있는데, 따라서 팀원들과 깊이 있는 상황 예측을 통해 각 Phase별 '수행 기간'을 결정한다. 일반적으로 수주 여부가 결정되는 Improve Phase가 활동 양이 많고 고객 접촉 빈도도 매우 높으므로 '수행 기간' 역시 Improve Phase의 점유율이 가장 높다. 다음 [그림 D-4]는 '방문 일정 결정'의 작성 예이다.

[그림 D-4] 'Step-3. 방문 일정 결정' 작성 예

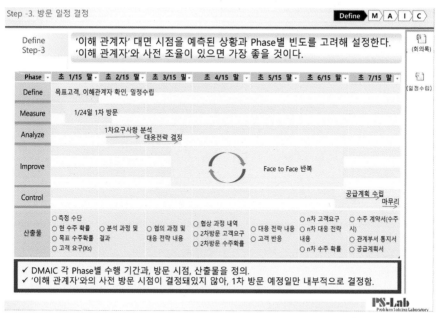

수주 과제 규모가 크거나 대면할 '이해관계자' 수가 많은 경우 방문 일정도 규모 있게 다뤄져야겠지만 본문은 최소한의 정보만을 가정하고 표현하였다. [그림 D-4]를 보면, Measure의 '이해관계자' 첫 방문 예정을 시작으로 Improve에서의 반복 대면을 '회전 화살표'로 나타내고 있다. 그 외에 표 아래쪽엔 일정별 '활동 결과물(산출물)'들이 명시돼 있다. 물론 이 요약 표가 나오게 된 배경인 팀원들과의 협의 과정이 '회의록' 파일로 '개체 삽입'돼 있다(고 가정한다).

중요한 것이 있다. '방문 일정'은 어디까지나 계획이므로 상황에 따라 언제든 변경될 수 있다. 이때 변경 내용이 갱신되지 않으면 'Step-3. 방문 일정 결정'은 그저 과거에 작성한 문서에 지나지 않는다. 따라서 고객과의 접촉 중 발생되는 일정 변경은 항상 본 '세부 로드맵(또는 Step)'에 들어와 갱신하는 노력이 필요하다. 물론 갱신 시 이력을 기록해두는 것도 결코 잊어서는 안 된다.

III

Measure: 목표 수립하기

본 과정은 기존 'D-M-A-I-C 로드맵' 전개 중, 'Measure Phase'
와 동일하지만 수주 과제의 특징을 반영한 차이점이 있다. 여기선 수주
과정의 성과를 측정할 수단과, 1차 '이해관계자' 방문으로부터 얻어진
'요구 사항(잠재 원인 변수에 대응)'을 어떻게 처리하는지에 대해 알아
볼 것이다.

잘 알려진 바와 같이 'Measure'는 우리말 '측정'의 뜻으로, [그림 M – 1]은 '프로세스 개선 방법론'의 '세부 로드맵'으로 구성돼 있다.

[그림 M – 1] '프로세스 개선 방법론'의 Measure Phase '세부 로드맵'

Measure

Step-4. Y의 선정
  Step-4.1. CTQ 선정
  Step-4.2. 운영적 정의
  Step-4.3. 성과 표준
  Step-4.4. 데이터 수집 계획

Step-5. 현 수준 평가
  Step-5.1. 측정 시스템 분석
  Step-5.2. 현 프로세스 능력 평가
  Step-5.3. 목표 재설정

Step-6. 잠재 원인 변수의 발굴
  Step-6.1. P-Map/ X-Y Matrix
  Step-6.2. P-FMEA/ RPN 도출
  Step-6.3. 특성요인도/ Multi-voting
  Step-6.4. Screened Xs

PS-Lab
Problem Solving Laboratory

'Step – 4'에서 과제의 'Y'와 그 '측정 방법' 및 '운영적 정의/성과 표준'이 정해지면 '현 수준'을 평가할 준비가 완료된 것이며, 이를 토대로 데이터 신뢰도 평가인 '측정 시스템 분석'과 '현 프로세스 능력 평가'를 수행한다. 이어

'현 수준' 대비 '목표'를 달성하기 위해 '잠재 원인의 변수 발굴'을 하면서 흐름이 마무리된다. '영업 수주 방법론'도 마찬가지다. 즉, 'Step – 4. 측정 수단 결정'에서 '수주 확률'의 측정 수단을 결정하는데, 이 지표는 '이해관계자' 대면이 이루어진 직후마다 산정되며 '프로세스 설계 방법론'에서의 표현에 따르면 'Scorecard'에 대응한다. 마치 탁구 경기의 중간중간 성적을 '점수표'로 알수 있듯, 수주 과정의 중간 진척도를 '수주 확률'로 가늠한다. 수주 과제는 '수주를 했는지'와 '못 했는지'의 두 경우만 존재하고 또 의미가 있으므로 따로 '지표 선정'과 '운영적 정의' 및 '성과 표준'의 과정이 불필요하다. 따라서 '영업 수주 방법론'에서의 지표는 '결과성 지표'가 아닌 과정의 진척도를 알수 있는 '과정성 지표'의 특징이 있다. 이어 'Step – 5. 현재/목표 수주 확률 결정'은 'Step – 4'에서 결정된 '측정 수단'으로 과제 수행 전 '현 수준'과 '목표 수준'을 평가하며, 이때 '목표 수준'은 경쟁사 수준을 동일한 방법으로 산정한후 그를 기반으로 설정한다. 경쟁사보다 높은 수준의 '수주 확률'이 달성돼야만 수주 가능성이 높아진다. 끝으로 'Step – 6. 1차 대면 이해관계자 요구 정리'에서 1차 방문 중 '이해관계자'로부터 제품이나 서비스에 대한 부정적 또는 긍정적 의견을 듣게 되며, 만일 부정적 요소들을 만족시켜 줄 경우 수주 가능성이 높아질 것이므로 '요구 사항(Xs에 대응)'들의 목록화가 필요하다. 이 목록을 통해 팀원들 간 협의가 본격화된다. 이제 각 '세부 로드맵'에 대해 자세히 알아보자.

Step-4. 측정 수단 결정

앞서 설명한 'Define Phase'의 '세부 로드맵'은 조사된 정보를 어떻게 표현하느냐에 주력했지만, 본 Step은 '영업 수주 방법론'에서 유일하게 창작(?)이 필요하다. 수주 환경은 제품별, 고객별, 시장 상황별, 또는 자사 사정 등에 따라 다양한 유형이 존재하며 이들을 통합할 단 하나의 '측정 수단'을 강구하는 것은 적절치 않다. 예를 들어, 의료 장비처럼 한 개 제품을 특정 의료 기관에 판매하는 상황에선 구매 의사 결정에 관여할 의사나 담당자들을 정해 영업적 수완을 발휘해보고 그로부터 '수주 확률'을 산정해볼 수 있다. 그러나 자동차 부품과 같이 실생활과 안전에 지대한 영향을 미치는 제품은 고객사로부터 자사 생산 공정 운영 수준이나 표준화 수준, 제품 자체의 품질 수준 등 기본 사항들이 만족돼야 수주 활동이 가능하다. 따라서 기본 사항들에 대한 평가와 경쟁사와의 비교 우위 등을 판정할 지표가 포함돼야 '수주 확률'로써 의미가 생긴다. 건설이나 SI업체(System Integrator) 같은 서비스 부문은 수주 여부를 결정할 교수 등 전문가 집단의 평가가 핵심인데, 이 경우 자사에 유리한 평가자의 점유율이 얼마나 되는가가 '수주 확률'로 표현된다.

'영업 수주 방법론'을 도입했던 한 기업에서 수주 과제를 임직원들에게 발표한 적이 있다. 당시 '프로세스 개선 방법론'에 익숙했던 담당 임원이 "수주 과정 중 진척도를 평가해서 여러 사람이 상황을 공유하는 것은 참 좋지만 평가자의 주관이 반영되면 그 객관성이 과연 확보될 수 있는가?"라고 '수주 확률'의 신뢰도에 의문을 제기했다. '수주 확률' 산정의 핵심은 영업 담당자가 '목표 고객'을 방문해 만난 '이해관계자'의 발언 내용과 뉘앙스 등을 종합해 표현한 결과이다. 따라서 협상 중 특정 내용에 대해 고의든 실수든 평가자의 주관이 반영될 수 있음을 지적한 것이다. 그러나 영업 활동의 '계량화'라는 대의적 명분에 비하면 이런 현상은 사실상 무시할 수 있는 수준이다. 다음 [표 M - 1]을 보자.

[표 M - 1] '수주 확률'과 결과인 '수주 여부'와의 관계

수주 확률	수주 여부	설명
높은데	된 경우	정상 상황
높은데	안 된 경우	왜 불일치하는지 수주 과정 중 기록된 로드맵 내용 분석
낮은데	된 경우	왜 불일치하는지 수행 과정 중 기록된 로드맵 내용 분석
낮은데	안 된 경우	정상 상황

'Step - 1. 목표 기업 선정'에서 언급한 바와 같이, 과제 수행 초 '수주 여부' 가능성이 불확실한 경우(즉, 과제 난이도가 매우 높은 경우), 측정상 우려할 만한 상황은 [표 M - 1]의 4가지 유형들 중 '불일치'하는 두 경우뿐이다. 그러나 이런 현상은 문제라기보다 수행 과정 중 기록된 내용을 중심으로 그 불일치 원인을 규명함으로써 한층 업그레이드된 계량화 작업에 활용할 수 있다. 예를 들어, '대응 전략'에 고객의 반응이 좋았던 것은 맞지만 수주를 결정하기에 영향력이 약한 제안이었는지, 또는 경쟁사가 마감 직전 막판 뒤집기 제안을 했을 수도 있으며, '이해관계자'의 답변에 너무 긍정적 평가를 내린 데 기인할 수도 있다. 분석할 여지가 있음은 '무형의 영업 활동'을 '유형화'할 수 있는 좋은 기회임을 인식해야 한다.

참고로 난이도가 높은 과제가 아닌 일상적이거나 간단한 협상으로 수주가 이루어지는 경우면 사실 리더의 주관이 개입될 개연성은 얼마든지 존재한다. 이런 과제 유형은 결국 문서 작업밖에 되지 않으므로 '영업 수주 방법론 과제'로서의 가치는 매우 떨어진다고 강조한 바 있다. 이제 '측정 수단'을 정하는 방법에 대해 알아보자.

GE는 경영 혁신을 실용화시키고 보급한 기업으로 기억된다. 제조 부문에 적합하단 선입견을 깨고 모든 사업 부문으로 경영 혁신 방법론을 확산시키는 데 기여했으며, 그에 걸맞은 방법론을 구체화시킨 주역이기도 하다. 이런 역할을 우리가 먼저 했으면 하는 아쉬움도 남지만 우선 그들이 만들어놓은 결과물을 빨리 익혀 우리 것으로 만드는 작업도 중요하다. 이 단원에선 GE가 만든 영업 부문의 '영업 수주 방법론'을 위한 '측정 수단'에 대해 알아볼 것이다.

먼저 영업 담당자가 '이해관계자'를 대면해서 현재 또는 진척 상황을 파악할 '측정 항목'들이 필요한데 다음 [표 M - 2]는 그 예를 보여준다.

[표 M - 2] GE에서 사용한 '측정 항목' 예

측정 항목	설명	부여 점수
Preference	당사 제품을 선호하는 정도. 선호도가 높다고 판단될수록 수주 확률은 증가한다.	-5~+5
Decision Power	이해관계자가 구매 결정력에 얼마나 영향력을 행사하는지의 정도. 영향력이 크다고 판단될수록 좀 더 적극적인 설득이 요구된다. 고객의 구매 결정력은 접촉이 진행되면서 확인되거나, 애초에 누가 가장 결정력이 높은지 파악될 수 있다. 후자 경우는 이미 정해졌으므로 '선호도(Preference)'가 중요 변수가 될 것이다.	1~5
Priority	고객사가 구매할 여러 제품 중 당사 제품의 구매 우선순위를 '이해관계자'가 어떻게 생각하는지 평가한다.	1~5

[표 M - 2]에서의 '측정 항목'들은 메디컬 시스템 단품을 판매하는 데 적합한 유형들로 구성돼 있다(GE가 최초 적용한 분야이다). 언젠가 모 기업의 영업팀 직원들을 대상으로 교육하던 중 '영업 수주 방법론'의 '개요'에 대해 다

음과 같은 질문이 있었다. 즉, "영업의 수주 여부는 특별한 노력을 통해 이루어질 수도 있지만 아주 극단적으론 술 한 잔을 통해서도 성과로 연결될 수 있는데 이런 결과를 과연 지표로 설명할 수 있는 건지요? 분명 매출을 올렸으니 영업적 성과에 해당되지 않겠습니까?" 이 질문의 요지는 영업 활동에선 정량적이거나 지표 또는 문서상 규정할 수 없는 영역이 존재하므로 이런 부분까지 모두 규격화할 순 없지 않겠는가 하는 데 있었다. 그러나 답은 의외로 간단하다. 두 가지로 요약할 수 있는데, 첫째, 만일 '수주'가 '이해관계자'의 요구에 따른 전략적 판단 – 자사 수익을 고려할 때 줄 것과 받을 것을 의사 결정해야 하므로 이 같은 표현을 사용하였다 – 의 결과물이면 제품 유형이나 영업 환경에 따라 대응하는 원칙이나 방법도 달라질 수밖에 없다. 따라서 극단적 표현이긴 하나 '술 한 잔'의 효과가 중요한 영업적 환경이라면 [표 M – 2]의 항목에 '친밀도'가 포함될 수 있다. '술 한 잔' 그 자체가 중요한 것이 아니라 '술 한 잔' 기울이는 동안 과연 '이해관계자'가 우리 제품을 얼마나 살 의향이 있는지를 파악해 점수로 표현해내는 게 핵심이다. 이런 접근은 수주가 저절로 이루어지는 것이 아니라 어떤 경우든 인과성에 바탕하고 있음을 확인시켜 준다. 둘째, 만일 '영업 수주 과제'라고 정했을 때 과연 성과를 내려는 현재의 활동이 '과제'로서 의미가 있는지 따져볼 필요가 있다. '과제'란 말 그대로 "처리하거나 해결해야 할 문제"이다. 일상적 영업 활동을 통해 이루어지는 '수주'는 '즉 실천 방법론'으로 처리하고, 정말 누가 봐도 "좀 어렵겠군!" 또는 "햐, 정말 새로운 시장 공략인데…" 등의 공감대가 설 수 있는 수주 활동을 '과제'로 삼아야 한다. 그래야 '지표'에 대한 고민과 로드맵 전개 과정의 의미, 성공 여부에 대한 동기부여가 될 수 있다. 다시 한 교육생의 질문의 요지로 돌아가면, '술 한 잔'의 영업 활동도 수주를 결정할 중요한 '요인'이므로 '친밀도' 같은 항목이 필요하며, 또 그 전에 과연 이 활동이 '과제'로서의 의미, 다시 말해 '즉 실천'으로 처리할 문제를 고급 방법론으로 하고 있는 것은 아닌지 점검해볼 필요가 있다. 일상 업무로 처리할 유형은 '항목 설정'을 고민하기보다 바로 해버리는 게 낫다는 얘기다. 이제 [표 M - 2]의 항목들을 이용한 '측정 수단'에 대해 알아보자. '측정 수단'의 구체적 명칭은 '수주 확률(또는 승률)'이며, 이를 산정하는 과정은 다음 [그림 M - 2]와 같다.

[그림 M - 2] '이해관계자'들에 대한 '측정 항목'별 평가

제품 선호도(Preference)				구매 결정력(Decision Power)				우선순위(Priority)			
대면고객	판매담당1	판매담당2	엔지니어	대면고객	판매담당1	판매담당2	엔지니어	대면고객	판매담당1	판매담당2	엔지니어
홍기동	-1	-1	-1	홍기동	3	4	4	홍기동	4	3	2
박찬오	-3	-2	-1	박찬오	5	5	3	박찬오	5	5	3
김여나	3	3	3	김여나	4	2	2	김여나	5	5	5

단계 - 1, '이해관계자'를 평가한다.: [그림 M - 2]에서 당사의 '판매 담당 1', '판매 담당 2', 그리고 '엔지니어' 총 3명이 '목표 기업'의 '이해관계자' 3명(홍기동, 박찬오, 김여나)과 회의 후, 측정 항목(제품 선호도, 구매 결정력, 우선순위)에 대해 각각 평가한 예이다. 참고로 '제품 선호도'의 부여 점수는 '-5~5'를, 나머지 항목들은 '1~5'를 준 경우이다. 대체로 '박찬오'가 '제품 선호도'에 대해 낮은 관심을 보이고 있는 반면(음수 절댓값이 큼), '구매 결정력'과 '우선순위'로부터 본 구매에 큰 영향력을 행사하고 있음도 확인할 수 있다(5점이 각 두 개씩 들어 있음). 물론 이 평가는 당사 3명의 담당자가 '목표 기업'을 1차 방문한 후 그 느낌을 측정 항목별로 부여한 결과이다.

단계 - 2, 평균을 모은다.: [그림 M - 2]의 대면한 '이해관계자'별 점수를 '평균'해서 하나의 표에 모아놓는다. 다음 [그림 M - 3]은 그 예이다.

[그림 M - 3] '측정 항목'별 '이해관계자'들의 '평균'을 모음

제품 선호도(Preference)				구매 결정력(Decision Power)				우선순위(Priority)			
대면고객	판매담당1	판매담당2	엔지니어	대면고객	판매담당1	판매담당2	엔지니어	대면고객	판매담당1	판매담당2	엔지니어
홍기동	-1	-1	-1	기동	3	4	4	홍기동	4	3	2
박찬오	-3	-2	-1	찬오	5	5	3	박찬오	5	5	3
김여나	3	3	3	김여나	4	2	2	김여나	5	5	5

대면고객	제품 선호도	구매 결정력	우선순위
홍기동	-1	4	3
박찬오	-2	4	4
김여나	3	3	5

[그림 M - 3] 아래는 [그림 M - 2]의 항목별 '이해관계자'들의 평가 결과를 '평균'해서 정리한 표이다. 소수점 아래 첫째 자리에서 반올림하였다(정수만으로 표기). 대체로 '제품 선호도'가 수주 활동에 취약하다는 점이 드러나 있다.

단계 - 3, '수주 확률(또는 승률)'을 계산한다.: 사전에 식을 정한다. 즉,

$$수주\ 확률(또는\ 승률) = (양수\ 총합/절댓값\ 총합) \times 100 \qquad (M.1)$$

식 (M.1)을 이용해 '수주 확률(또는 승률)'을 얻으려면 기본적으로 다음 [표 M - 3]과 같이 '절댓값 총합'과 '양수 총합'의 산정이 요구된다.

[표 M - 3] '수주 확률(또는 승률)' 계산을 위한 분자, 분모 산정 예

이해관계자	제품 선호도	구매 결정력	우선순위	곱	절댓값	양수
홍기동	−1	4	3	−12	12	−
박찬오	−2	4	4	−32	32	−
김여나	3	3	5	45	45	45
총합				1	89	45

따라서 식 (M.1)을 참조하면,

$$수주\ 확률(또는\ 승률) = (45/89) \times 100 ≒ 50.56\% \qquad \text{(M.2)}$$

만일 경쟁사의 '수주 확률(또는 승률)'도 동일하게 계산했을 때, 식 (M.2)가 적어도 경쟁사보다 높아야 수주가 가능할 것이므로 목표 설정에 활용될 수 있다.

식 (M.1)엔 수학적 전개상 약간의 모순도 존재하는데, 만일 '제품 선호도'가 모두 양수이면 분모와 분자가 같은 값이 되어 '수주 확률(또는 승률)'은 '100%'가 된다. 과제도 수행 안 했는데 수치만으로 수주가 완벽히 이루어지리란 평가는 적절치 않다. 또 '홍기동'의 '제품 선호도'처럼 '-1'에 있다가 상황이 약간 나아져 '+1'로 바뀌면 식 (M.1)의 분자 값이 크게 증가돼 '수주 확률(승률)' 변동 폭도 덩달아 출렁인다. 따라서 완벽한 '측정 수단'이 되기 위해선 약간의 보완이 요구된다.

4.2. 실용적인 '측정 수단'

수년간 기업들을 대상으로 '영업 수주 방법론' 과제를 멘토링하면서 다양한 영업 상황에 맞는 '측정 수단'들이 개발되었는데, 특히 이를 구성할 '측정 항목'들을 다음 [표 M-4]에 모아놓았다([표 M-2]의 항목들도 포함함).

[표 M-4] 사용 가능한 '측정 항목'들 예

측정 항목	설명	부여 점수
제품 선호도 (Preference)	당사 제품을 선호하는 정도. 선호도가 높다고 판단할수록 수주 확률은 증가한다.	-5~+5
구매 결정력 (Decision Power)	'이해관계자'가 구매 결정력에 얼마나 영향력을 행사하는지의 정도. 영향력이 크다고 판단할수록 좀 더 적극적인 설득이 요구된다. 고객의 구매 결정력은 접촉을 진행하면서 확인되거나, 애초에 누가 가장 결정력이 높은지 명확화될 수 있다. 후자 경우는 이미 정해졌으므로 '선호도(Preference)'가 중요 변수가 될 것이다.	1~5
우선순위 (Priority)	고객사가 구매할 여러 제품들 중 당사 제품의 구매 우선순위를 '이해관계자'가 어떻게 생각하는지 평가한다.	1~5
친밀도	경쟁사 대비 당사의 우호적인 수준을 점수화한다.	1~5
수주 경쟁력	다음과 같은 항목 1개 이상을 지표로 선정하여 점수화 각 지표는 하부 항목들의 묶음으로 정의할 수 있음. – 가격 경쟁력: 단가, 물류비용 등 – 기술 경쟁력: 사양, 지원 서비스, 기술력 등 – 품질 경쟁력: 불량률, 보증 기간 등	-5~+5 or 1~5
정보 신뢰도	당사에 우호적인지를 평가할 지표로, 수주와 직접적으로 연관된 '정보의 제공 수준'을 점수화	1~5
QCDS 수준	Q(품질), C(비용/원가), D(납품/운송), S(서비스) 들에 중요도 할당 후, 각 항목별 수준을 점수화	1~5
제품 인지도	당사 제품에 대한 '브랜드 인지도' 등을 점수화	-5~+5 or 1~5
우호도	'회사 이미지' 수준을 점수화(대그룹 선호 등)	1~5

〈참고〉 각 '측정 항목'에 대한 '-5~+5'의 부여는 영업 환경에 따라 자유롭게 결정

[표 M-4]의 '측정 항목'들을 조합하면 다양한 영업 환경에 맞는 '수주 확률(또는 승률)' 식을 만들어낼 수 있다. 예를 들면, '구매 결정력', '제품 선호도', '우호도'가 중요한 사안이면 '수주 확률(또는 승률)' 식은 다음과 같다.

$$수주확률(또는 승률) = \frac{\sum 구매결정력 \times (제품 선호도 + 우호도)}{(이해관계자 수 \div 2)} \qquad (M.3)$$

식 (M.3)은 식 (M.1)이 갖고 있던 문제점을 개선한 경우이다. 계산 값이 최대 '100'이 되도록 고안되었기 때문에 결과는 바로 '백분율'이다. 예를 들어 다음 [표 M-5]와 같은 평가 결과를 얻었다고 가정하고 '수주 확률(또는 승률)'을 계산하면 '10%'임을 알 수 있다(식 M.3 참조).

[표 M-5] '수주 확률(또는 승률)' 산정 예

이해관계자	구매 결정력	제품 선호도	우호도	개별 평가	산식
구매 부장	5	-2	2	0	=5×(-2+2)
구매 담당자	2	1	4	10	=2×(1+4)
총합(Σ)				10	=0+10
수주 확률(또는 승률)				10%	=10/(2÷2)%

[표 M-5]에서 현재의 '수주 확률(또는 승률)'을 높이려면 '총합(Σ)'이 커져야 하는데 이를 위해선 각 '이해관계자'의 '합'이, 또 이 '합'이 커지려면 개별 '측정 항목'들의 향상이 필수적이다. 예의 '구매 부장' 경우, '제품 선호도' 향상을 위해 제품의 우수성이나 경쟁사 대비 특장점 등을 알리는 전략을, '우호도' 측면에선 당사의 재무 건전성, 서비스 수준, 고객들의 만족도 자료 등을 제시하는 전략 등이 유효할 수 있다. '구매 담당자' 역시 '제품 선호도'가 낮으므로 '구매 부장'과 비슷하게 제품의 우수성 등을 알리는 데 주력할 필요가 있다. 특히 '구매 결정력'이 상수라면(영업 활동으로 올릴 수 없는 '이해관계자'의 고유 권한으로 확인된 경우), '합'에 있어 '구매 부장'은 최대 '50{=5×(5+5)}'인 반면, '구매 담당자'는 최대 '20{=2×(5+5)}'의 값을 얻

는다. 이 같은 경우라도 식 (M.3)은 그대로 유효하며, 다만 '수주 확률(또는 승률)'의 최댓값이 '100'이 아닌 '70(=50+20)'으로 낮아진다. '수주 확률(또는 승률)'은 수학적 의미보다 영업 활동을 통해 '현 수준' 대비 향상시키는 데 의미가 있는 만큼 이 같은 상황엔 별 문제될 게 없다. 다음은 'Step‐4. 측정 수단 결정'에 대한 장표 작성 예이다.

[그림 M‐4] 'Step‐4. 측정 수단 결정' 작성 예

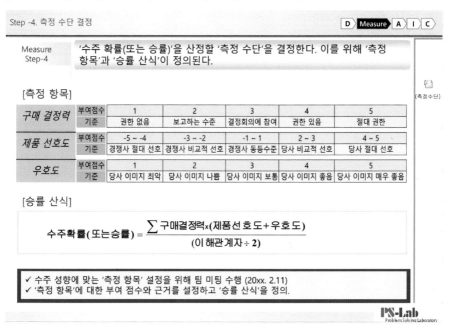

Step-5. 현재/목표 수주 확률 결정

　　　　　　　　　　이 Step은 '프로세스 방법론'의 'Step-5. 현수준 평가'에 대응한다. 따라서 '목표 기업'을 1차 방문한 뒤 '이해관계자'들로부터 얻은 정보를 앞서 설정한 '측정 수단'에 적용해 '수주 확률'을 산정한다. 이때 대면 중에 수집한 '이해관계자'들의 경쟁사에 대한 평가 정보 역시 동일한 '측정 수단'으로 '수주 확률'을 계산한다. 이를 이용하면 달성해야 할 '목표 수주 확률'을 정의할 수 있다. 쉬운 이해를 위해 식 (M.3)과 다음 상황을 예로 들어 설명하겠다.

(상황 및 '현재/목표 수주 확률 결정' 예)

　당사는 A-제품 판매량 확대를 위해 경쟁사와 거래하던 유럽 내 Set Maker인 Best社를 대상으로 영업 활동을 시작했다. 최근 Best社의 '이해관계자' 4명을 대상으로 당사 측 3명이 1차 방문하였으며, 그 결과는 다음 [표 M-6]과 같다.

[표 M-6] '이해관계자'들에 대한 평가

당사 이해관계자	구매 결정력			제품 선호도			우호도		
	팀장	영업담당	품질담당	팀장	영업담당	품질담당	팀장	영업담당	품질담당
구매 임원	4	4	4	−3	−4	−1	2	1	3
구매 담당자	3	2	2	1	3	2	2	3	2
개발 담당자	4	5	4	−1	−2	1	4	2	3
평가 담당자	2	3	2	3	2	4	2	3	2

__단계-1. '이해관계자'를 평가한다.__: [표 M-6]은 당사의 '팀장', '영업 담

당', '품질 담당' 3명이 '목표 기업'의 '이해관계자'인 '구매 임원', '구매 담당자', '개발 담당자', '평가 담당자' 4명을 동시에 또는 시차를 두고 대면한 뒤, 3가지 '측정 항목(구매 결정력, 제품 선호도, 우호도)' 관점에서 평가한 결과이다.

단계 - 2, '평균'을 모은다.: 각 '측정 항목'별 '이해관계자'의 '평균'을 다음 [표 M - 7]에 정리하였다(반올림하여 정수로 만듦).

[표 M - 7] '측정 항목'별 '이해관계자'들의 '평균'을 모음

이해관계자	구매 결정력	제품 선호도	우호도
구매 임원	4	−3	2
구매 담당자	2	2	2
개발 담당자	4	−1	3
평가 담당자	2	3	2

단계 - 3, '수주 확률(또는 승률)'을 계산한다.: 식 (M.3)을 활용한다.

[표 M - 8] '수주 확률(또는 승률)' 산정

이해관계자	구매 결정력	제품 선호도	우호도	개별 평가	산식
구매 임원	4	−3	2	−4	=4×(−3+2)
구매 담당자	2	2	2	8	=2×(2+2)
개발 담당자	4	−1	3	8	=4×(−1+3)
평가 담당자	2	3	2	10	=2×(3+2)
총합(Σ)				22	=(−4+8+8+10)
수주 확률(또는 승률)				11%	=22/(4÷2)%

신규 시장에 진입하는 관계로 '수주 확률(또는 승률)'은 매우 저조한 '11%'

를 보이고 있다(고 가정한다). 만일 경쟁사의 '수주 확률(또는 승률)'을 산정했다면 경쟁사보다 높은 수준의 '목표'를 설정해야 수주 활동의 의미가 생긴다. 다음 [그림 M-5]는 '현재 수주 확률'에 대한 파워포인트 작성 예이다.

[그림 M-5] 'Step-5. 현재/목표 수주 확률 결정' 작성 예(현재 수주 확률)

| Step -5. 현재/ 목표 수주 확률 결정 | D Measure A I C |

정의된 '승률 산식'으로부터 '현재 수주 확률'을 결정한다. 경쟁사의 '수주 확률'도 산정해서 '목표 수주 확률' 결정에 이용한다.

[이해 관계자 1차 평가]

이해 관계자 \ 당사	구매 결정력			제품 선호도			우호도		
	팀장	영업담당	품질담당	팀장	영업담당	품질담당	팀장	영업담당	품질담당
구매 임원	4	4	4	-3	-4	-1	2	1	3
구매 담당자	3	2	2	1	3	2	2	3	2
개발 담당자	4	5	4	-1	-2	1	4	2	3
평가 담당자	2	3	2	3	2	4	2	3	2

['현재 수주 확률(또는 승률)' 산정]

이해 관계자	구매 결정력	제품 선호도	우호도	개별 평가	산식
구매 임원	4	-3	2	-4	= 4 * (-3 + 2)
구매 담당자	2	2	2	8	= 2 * (2 + 2)
개발 담당자	4	-1	3	8	= 4 * (-1 + 3)
평가 담당자	2	3	2	10	= 2 * (3 + 2)
총합(∑)				22	= (-4 + 8 + 8 + 10)
수주 확률(또는 승률)				11%	= 22 / (4 ÷ 2) %

✓ 처음 거래하는 고객이며, '제품 선호도'와 '우호도'가 낮고, '현재 수주 확률'은 '11%' 수준임.

PS-Lab
Problem Solving Laboratory

[그림 M-5]에서 '현재 수주 확률'은 '11%'로 매우 저조하며, 원인으로 '제품 선호도'와 '우호도'가 낮음을 언급하고 있다. 장표의 맨 오른쪽 아래를 보면 '계속' 화살표가 있는데, '현재 수주 확률' 외에 '경쟁사 수주 확률'로부터 '목표 수주 확률'을 정해야 하기 때문이다. 다음 [그림 M-6]은 이에 대한 작성 예이다('경쟁사 수주 확률' 산정은 동일 과정이므로 생략한다).

Step -5. 현재/ 목표 수주 확률 결정   D Measure A I C

Measure Step-5	'경쟁사 수주 확률'을 통해 '목표 수주 확률'을 결정한다.

(수주확률)

[경쟁사 수주 확률]

이해 관계자	구매 결정력	제품 선호도	우호도	개별 평가	산식
구매 임원	4	3	4	28	= 4 * (3 + 4)
구매 담당자	2	4	3	14	= 2 * (4 + 3)
개발 담당자	4	3	5	32	= 4 * (3 + 5)
평가 담당자	2	5	3	16	= 2 * (5 + 3)
총합(∑)				90	= (28 + 14 + 32 + 16)
수주 확률(또는 승률)				45 %	= 90 / (4 ÷ 2) %

['목표 수주 확률(또는 승률)' 산정]

이해 관계자	구매 결정력	제품 선호도	우호도	개별 평가	산식
구매 임원	4	4	4	32	= 4 * (4 + 4)
구매 담당자	2	4	5	18	= 2 * (4 + 5)
개발 담당자	4	5	5	40	= 4 * (5 + 5)
평가 담당자	2	5	4	18	= 2 * (5 + 4)
총합(∑)				108	= (32 + 18 + 40 + 18)
수주 확률(또는 승률)				54 %	= 108 / (4 ÷ 2) %

✓ 영업 활동을 통해, '제품 선호도'와 '우호도'를 높여, '목표 수주 확률'을 '54%'로 끌어 올림.

PS-Lab
Problem Solving Laboratory

[그림 M-6]으로부터 '경쟁사 수주 확률=45%'로 당사의 '11%'보다 '34%' 높은 수준을 보이고 있다. 따라서 '구매 결정력'은 동일하다고 보고 다른 항목을 조정한 결과 '목표 수주 확률=54%'로 최종 결정하였다(고 가정한다).

　　　　　　　　이전 Step에서 '프로세스 개선 방법론'의 '현
수준 평가'에 대응하는 '현재 수주 확률'과 '경쟁사 수주 확률'을 통한 '목표
수주 확률'을 결정하였다. 즉, 'Y'가 마무리된 것이다. 이제 '현재 수주 확률'
과 '목표 수주 확률'의 간격을 좁히기 위한 노력이 필요하며, 그 대상을 통상
'X'라 통칭했다. 따라서 이제부턴 'X'의 이야기로 실타래를 넘겨줘야 한다. 그
럼 수주 과제 경우 'X'들은 어떤 모습으로 존재할까? 또 어떻게 발굴해야 그
들로부터 '목표 수주 확률'에 근접하게 될까? 기존 '프로세스 개선 방법론' 체
계에 익숙한 리더라면 이 시점에 난감해할 수밖에 없다.

　앞서 'Step-5. 현재/목표 수주 확률 결정'에서 '승률'을 얻는 데 사용된 자
료가 '이해관계자'의 1차 대면에서 유래되었음을 알고 있다. 즉, '이해관계자'
대면 중 '구매 결정력', '제품 선호도', '우호도' 등을 평가하기 위해 방문자가
상황을 '5점 척도' 등으로 기록하였는데, 이 외에 추가로 꼭 수집해야 할 것이
바로 '이해관계자'들의 당사 또는 제품에 대한 '요구 사항'들이다. '프로세스
개선 방법론' 과제에서 잘 알려져 있듯이, 만일 현재의 'Y'값 '10'을 목표인
'15'로 올리는 문제에서, 알려져 있는 'X'가 '온도'라면 이 인자의 '최적 조건'
을 찾아내 목표 달성에 활용하는 것이 개선, 즉 '최적화'이다. 이 개념은 수주
과제에도 그대로 적용된다. '현재 수주 확률=11%'를 '목표 수주 확률=54%'
로 높이는 데 작용할 'X'들은 결국 '목표 기업'의 '이해관계자'들이 당사에
'요구하는 내용'들이다. 만일 요구 내용들 중 하나가 '단가'이고 경쟁사 대비
'50%(좀 과장했다!)'가량 저렴하다면 구매하겠다고 했을 때, 이 요구를 들어주
면 수주 가능성은 높아진다. '현재 수준'을 '목표 수준'으로 끌어올리는 데 영
향을 주는 요소가 바로 '이해관계자 요구'이며, 이런 이유로 '이해관계자 요
구' 자체가 '잠재 원인 변수(Xs)'이다. '이해관계자 요구(Xs)'들을 유형별로 정

리하면 다음 [표 M-9]와 같다.

[표 M-9] '이해관계자 요구(잠재 원인 변수 또는 Xs)' 유형

이해관계자 요구 유형	설명
품질(Q)	제품 불량률, 기능 등
가격(C)	경쟁사 대비 단가, 가격 정책 등
배송(D)	배송 주기, 정확도, 운송 방법, 재고 관리 등
서비스(S)	기술 자문, A/S, C&C(Claim & Complaint) 처리 프로세스 등
기술(Tech.)	개발 능력, 양산 경험, 지적 재산 보유 등
친밀도	Top과의 친분 관계, 계열사 거래 관계 등
기타	자체적으로 조사된 '목표 기업' 수주 정책, 제품 선호 유형 등

이 외에도 '이해관계자'를 1차 대면하면서 얻어낸 모든 사항들을 '이해관계자 요구' 선상에 올려놓는다. 선별이나 대응은 나중 일이다. 다음 [그림 M-7]은 그 예이다.

[그림 M-7] '이해관계자 요구(잠재 원인 변수, 또는 Xs)' 발굴 예

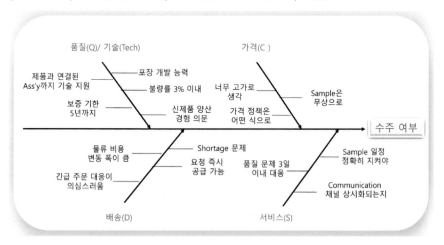

'이해관계자 요구(Xs)'를 나열할 때 주의할 점은 브레인스토밍 등으로 팀원들에 의해 발굴되는 것이 아니라, 전적으로 '목표 기업'의 '이해관계자' 대면을 통해 수집한 항목들만 포함된다는 것이다. 그래야 '수주'라는 실질적 성과를 달성하기 위해 매 접촉 때의 단기 전략을 구사할 수 있다. "이해관계자가 이런 걸 요구할 것이다" 같은 추정에 의한 접근은 불필요한 노력이 투입될뿐더러 결과의 예측도 불확실해진다. 다음 [그림 M-8]은 파워포인트 작성 예이다.

[그림 M-8] 'Step-6. 1차 대면 이해관계자 요구 정리' 작성 예

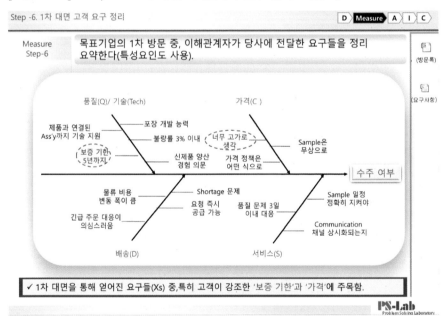

[그림 M-8]에서, '이해관계자' 대면 중 가장 강조된 요구들을 빨간 점선으로 표기했으며 아마도 2차 대면을 하기 전 본 내용에 대한 심도 있는 검토가

이루어져야 할 것이다. '프로세스 개선 방법론' 과제에선 이 과정을 '우선순위화'라 하고, 'Multi-voting', 'X-Y Matrix'나 'RPN' 등이 활용되지만 **수주 과제에선 '이해관계자' 대면 중 '이해관계자'가 수주에 대해 가장 강조한 사항이 우선순위가 높은 '잠재 원인 변수'**이므로 팀원들에 의한 선별과는 구별된다. 발굴된 '잠재 원인 변수'가 누구에 의해 선별되는지가 다르다는 것인데, 요약하면 기존 '프로세스 개선 방법론' 과제에선 선별의 주체가 '팀원'인 반면, 수주 과제에선 '이해관계자'가 해당된다.

장표의 오른쪽 '개체 삽입'된 첨부 파일들 중 하나는 1차 대면의 이력을 담은 '방문 일지'이며, 다른 하나는 '요구 사항(Xs)'들을 정리한 원본 파일이다. 이와 같이 매 단계의 수주 활동 중 발생된 모든 이력과 관련 서류들은 '개체 삽입'을 통해 철저히 관리한다. 초반에도 설명했듯이 이들 자료는 과제 완료 시 수주 여부와의 중요한 '인과관계'를 설명해줄 원천이기 때문이다.

여기까지가 Measure Phase이다. 이어지는 Analyze Phase부터 2차 대면을 위한 상세 활동에 어떤 것들이 있는지 알아보자.

Analyze: 첫 대면하기

기존 '프로세스 개선 과제'에서의 'Analyze Phase'란 선별된 잠재 원인 변수들과 'Y'와의 관련성을 분석해서 '개선 방향'을 얻어내는 활동이다. 수주 과제에는 1차 대면 중 얻어진 주요 요구 사항들에 대한 '대응 전략' 마련이 '개선 방향'에 해당한다.

가끔 교육 중에 "D, M, A, I, C 중 가장 중요한 Phase는 무엇입니까?" 하고 질문하면 십중팔구는 "Improve Phase요" 하고 대답한다. 그러나 사실은 'Analyze Phase'가 훨씬 중요하다. 왜냐하면 Analyze Phase에서 'X'와 'Y'의 관계를 따져 'X'의 영향력이 확인되면 분석은 여기서 종결되는 것이 아니라 왜 그 영향력을 잘못 행사하고 있는지 실제 프로세스에서 이유를 찾아야 하는데 이 과정을 '사실 분석'이라 부르고, 찾아낸 이유를 '근본 원인(Root Cause)'이라고 한다. 즉, '사실 분석'이 수행돼야 실제 프로세스 안에서의 문제점이 드러나고, 이를 바탕으로 어떤 개선을 수행해야 하는지 명확한 방향을 설정할 수 있다. '근본 원인'이 밝혀지면 무엇을 바꾸어야 하는지 알 수 있으므로 결국 Analyze Phase의 최종 산출물은 '개선 방향'이다. 'Improve Phase'란 이 '개선 방향'을 구체화해서 프로세스에 변경점을 만드는 과정이므로 "Improve Phase는 Analyze Phase에 철저히 종속돼 있다"로 요약할 수 있다.

수주 과제 역시 'Analyze Phase' 본래의 전개와 동일하다. 'Step – 6. 1차 대면 이해관계자 요구 정리'에서 얻어진 선별된 '요구 사항'들에 대해, '이해관계자'의 '요구 수준'과 당사의 '실리 수준'을 분석해서 '적정 수준'을 찾아야 하며, 이 '적정 수준'들을 조합해서 '대응 전략'을 마련한다. '대응 전략'의 실체는 '이해관계자' 방문 시 협의를 목적으로 작성한 문서, 즉 '제안서(Proposal)'이다. '프로세스 개선 방법론' 과제와 수주 과제의 Analyze Phase 용어 간 대응 관계를 요약하면 다음 [표 A – 1]과 같다.

[표 A‒1] '프로세스 개선 방법론 - **Analyze Phase**'와의 용어 대응 관계

기존 Analyze Phase	수주 과제 Analyze Phase
가설 검정	'요구 수준'과 '실리 수준' 간 'Gap 분석'
사실 분석	'적정 수준' 분석
개선 방향	대응 전략, 즉 제안(Proposal) ‒ '제안서'에 정리됨

[표 A‒1]을 참조하면, 수주 과제에서의 첫 번째 '세부 로드맵' <u>'Step‒7. 1</u>
<u>차 대면 이해관계자 요구 분석'</u>은 '가설 검정'에 대응하는 '요구 수준과 실리
수준 간 Gap 분석' 및 '사실 분석'에 대응하는 '적정 수준 분석'을 포함한다.
즉, 이 Phase에선 '이해관계자'가 요구한 수준(요구 수준)과, 당사에 가장 유리
한 수준(실리 수준)을 비교 분석한 뒤, 당사 프로세스 상황에 가장 적합한 수
준(적정 수준)을 찾아 그에 따른 최종 '제안(Proposal)'을 마련(대응 전략)한다.
이렇게 정립된 '제안'은 <u>'Step‒8. 대응 전략 결정'</u>에서 적합성 검토 등을 거
친 뒤 최종 확정되며, 확정된 '제안(Proposal)'은 곧 '이해관계자'와의 2차 대면
때 활용된다. 다음 [그림 A‒1]은 '세부 로드맵'과 '주요 활동' 및 '산출물'을
요약한 것이다.

[그림 A‒1] '세부 로드맵'별 '주요 활동'과 '산출물'

　　　　　　　　　　　　　　이 Phase는 Measure Phase 'Step-6. 1차 대면 이해관계자 요구 정리'에서 마련된 주요 '요구 사항'들로부터 시작한다. 예를 들어, 가장 많이 거론될 '가격'의 경우 1차 대면에서 '이해관계자'가 원하는 수준이 드러나면 협상 원칙상 바로 답을 주진 않고 회사로 복귀 후 팀원들과 협의를 거치는 게 통상적인 수순이다. 이 과정에서 당사가 물러설 수 없는 '하한 가격'과 가장 '영업 이익'이 많이 날 '상한 가격'을 설정한 뒤, 2차 대면에서 제시할 가격을 결정한다. 이때 '이해관계자'가 원하는 수준의 가격을 '**요구 수준**', 당사가 설정한 물러설 수 없는 마지노선을 '**하한 수준**', 가장 유리한 가격을 '**실리 수준**', 또 대면 시 제시할 가격을 '**적정 수준**'[13]이라고 한다. '적정 수준'은 대면이 이루어질 때마다 달라지며 타협점에 수렴해가는 특징이 있다.

　'가격' 외에 '보증 기한'의 예를 들면, '이해관계자'의 '요구 수준=년'이고, 당사에 최고 유리한 '실리 수준=3년'이라면, 2차 대면 때 '적정 수준=2년'으로 제시함으로써 협상력을 키워 나간다. 물론 '이해관계자'가 원하는 '5년'을 '적정 수준'으로 제시하는 대신 '가격'을 '실리 수준'에 근접하게 제시하는 등 상황에 따라 주고받아야 할 다양한 전략적 대안을 만들어낼 수 있다. 또 이뿐만 아니라 'Step-6. 1차 대면 이해관계자 요구 정리'에서의 다양한 요구 사항들에 대해 '적정 수준'을 얼마로 해야 할 것인지 팀원들과 담당 임원, 관련 부서원들 간 고민의 시간이 필요한데, 이는 '프로세스 개선 방법론'의 Analyze Phase에서 자료 분석을 통해 '개선 방향'을 찾는 과정과 일치한다. 즉, **Analyze Phase에서의 '개선 방향'은 수주 과제에선 '대응 전략'에 해당**한다. '개선 방향'이 Improve Phase에서 구체화 과정을 거쳐 프로세스에 새로운 변경점을 만들

---

13) '요구 수준', '실리 수준', '적정 수준' 들은 필자가 설정한 용어들이다.

고 최종적으로 프로세스의 품질을 높이듯, '대응 전략'은 당사의 실리를 취하는 동시에 '이해관계자'의 만족을 이끌어 최종적으로 수주 과정의 품질을 높이는 데 기여한다. 요약하면, 'Analyze Phase 개요'에서 설명했듯이, 수주 과제에서의 Analyze란 '요구 수준'과 '실리 수준' 사이에서 대면에 쓰일 '적정 수준'을 찾기 위한 '갭 분석(Gap Analysis)' 과정이며, 이들 '적정 수준'을 조합하여 '대응 전략'을 마련한다. '대응 전략'을 최종 확정짓는 것은 'Step - 8. 대응 전략 결정'에서 이루어진다. 그럼 'Step - 7. 1차 대면 이해관계자 요구 분석'의 세부 활동에 대해 알아보자

① 각 주요 요구들에 대한 '요구 수준'과 '실리 수준' 간 '갭 분석' 수행('가설 검정'에 대응).

[그림 A - 1]에서 밝힌 바와 같이 이 활동의 산출물은 '이해관계자'의 '요구 수준'들에 대해 당사가 수용할 수 있는 마지노선, 즉 '하한 수준'과 당사에 가장 유리한 수준, 즉 '실리 수준'을 얻는 것이다. 두 수준을 얻기 위해 기본적으로 '가설 검정' 과정이 수반된다. "가설 검정? 또 통계 분석이 필요하단 말인가?" 그럴 수도 그렇지 않을 수도 있다. '가설 검정'이란 '가설과 검정'의 합친 말로 현재 얘기하는 모든 설명은 '가설'이다. 누구와 어떤 이가 사귄다든가와 같은 사적인 설명부터 고객의 성향은 어떻다 같은 추측성 주장, 또 두 데이터 간 상관관계가 있다는 수치적 의견까지 모두 100% '가설'들이다. 이들이 자료든 사진이든 또는 전문가의 강력한 의견들을 수반해 제3자가 "그렇구나!" 하고 인정하면 '검정'이 이루어진 것이다. 이런 견해를 그대로 일반화시키면 현재 1차 '이해관계자' 대면을 통해 얻은 '주요 요구'들에 대해 '하한 수준'과 '실리 수준'을 결정하는 일은 가설에서부터 시작되고, 최종 서로 간 의견이 취합돼 모두가 수긍하는 결론에 이르면 '검정'이 된 것으로 볼 수 있다. 이렇게 모든 팀원들이 확인해준 결과물은 앞으로 있을 2차 대면 시 제시할

'제안서(Proposal)' 작성에 중요한 토대가 된다. 다음 [표 A - 2]는 Measure Phase의 [그림 M - 8]에서 설정된 주요 요구들에 대한 '하한 수준'과 '실리 수준'의 결정 예이다(Gap 분석).

[표 A-2] '하한 수준'과 '실리 수준' 간 'Gap 분석' 예

주요 요구	CTQ	Gap 분석
너무 고가로 생각	가격	1차 대면에서 '목표 기업'의 구매 임원은 개당 '2천 원'을 주문. 현재 해외에서 시판되는 A-제품은 '3,200원'으로 임원이 월등히 낮은 가격을 제시한 것임. 당사가 고려 중인 가격은 3,000원 내외로 구매 임원은 이 수준을 이미 파악하고 있는 듯함.
보증 기한 5년까지	보증 기한	적정 보증 기한은 좀 더 분석이 필요함. 일반적으론 3년이 업계 평균 수준이나 최근 경쟁이 가열되면서 점점 기간이 연장되는 추세를 보임. '하한 수준'이 얼마나 되는지 연구팀과 재차 협의가 필요함.
Sample은 무상으로	Sample 비용	'목표 기업'에서 테스트할 Sample 10개를 요청한 상태이고, 거래 규모가 클 것으로 예상됨에 따라 Sample 비용은 무상 제공을 선뜻 요구함. 통상 이 비용은 지불해오던 것이 업계 관행임. 구매 가능성 등을 따져 Sample 비용을 조정하는 것이 좋을 듯 하며, 개당 비용에 대한 사전 분석이 요구됨.
신제품 양산 경험 의문	양산 경험 유무	신제품이므로 양산 경험이 없다는 것을 구매 임원이 간파하고 있는 듯함. 굳이 이를 언급한 것은 다른 요구에서 유리한 조건을 확보하기 위한 협상 조치로 보임. 일단 다른 조건들이 외국 경쟁사 제품보다 유리하다는 확증이 있어야 할 것 같음.
…	…	…

[표 A - 2]는 1차 대면에서 수집한 주요 요구(및 요구 수준)들에 대해 팀원들 협의를 거쳐 정리된 내용이다. Measure Phase [그림 M - 8]에서 결정된 주요 요구인 '너무 고가로 생각'과 '보증 기한 5년까지' 외에 중요하다고 판단되는 요구들이 새롭게 추가되었다(고 가정한다). 이 협의 내용을 토대로 예상컨대, 각 요구별 '하한 수준'과 '실리 수준'은 다음과 같이 정리된다(고 가정한다).

[표 A - 3]은 팀원들의 협의를 거쳐 도출된 내용이며, 이번 한 번으로 모든

결론이 나진 않기 때문에 이후에도 수차례의 협의 과정이 필요하다. 편의상 협의가 몇 차례 더 진행된 것으로 보고 최종 이어지는 [표 A - 4]의 결과를 얻은 것으로 가정한다.

[표 A - 3] '하한 수준'과 '실리 수준'의 설정 예(1차 협의)

CTQ	Gap 분석	하한 수준	적정	실리 수준
가격	1차 대면에서 '목표 기업'의 구매 임원은 개당 '2천 원'을 주문. 현재 해외에서 시판되는 A-제품은 '3,200원'으로 월등히 낮은 가격을 제시한 것임. 당사가 고려 중인 가격은 3,000원 내외로 구매 임원은 이 수준을 이미 파악하고 있는 듯함.	미정	-	3,000원
보증 기한	적정 보증 기한은 좀 더 분석이 필요함. 일반적으로 3년이 업계 평균 수준이나 최근 경쟁이 가열되면서 점점 기간이 연장되는 추세를 보임. '하한 수준'이 얼마나 되는지 연구팀과 재차 협의가 필요함.	미정	3년	3년
Sample 비용	'목표 기업'에서 테스트할 Sample 10개를 요청한 상태이고, 거래 규모가 클 것으로 예상됨에 따라 Sample 비용은 무상 제공을 선뜻 요구함. 통상 이 비용은 지불해오던 것이 업계 관행임. 구매 가능성 등을 따져 Sample 비용을 조정하는 것이 좋을 듯하며, 개당 비용에 대한 분석이 사전 요구됨.	미정	미정	미정
양산 경험 유무	신제품이므로 양산 경험이 없다는 것을 구매 임원이 간파하고 있는 듯함. 굳이 이를 언급한 것은 다른 요구에서 유리한 조건을 확보하기 위한 협상 조치로 보임. 일단 다른 조건들이 외국 경쟁사 제품보다 유리하다는 확증이 있어야 할 것 같음.	미정	미정	유
...	...			

[표 A-4] '하한 수준'과 '실리 수준'의 설정 예(최종 협의)

CTQ	Gap 분석	하한 수준	적정	실리 수준
가격	구매팀의 재료에 대한 외주 견적과 연구팀의 구조 해석, 생산팀의 제조비용 등을 종합검토한 결과 '하한 수준'은 2,500으로 책정됨.	2,500원	미정	3,000원
보증 기한	제품 수명 등에 대한 연구팀의 수명 분석 자료 검토 결과 4년을 넘길 경우 외부 실패비용의 증가가 예상됨.	4년	3년	3년
Sample 비용	판매량 월 1만 수준의 거래면 Sample 10개는 무상이 가능. 그러나 11개 이상 또는 판매량 1만 개 미만은 초과분 또는 개당 최소 5천 원을 받아야 함.	5,000원	미정	6,800원
양산 경험 유무	협상을 유리하게 끌기 위해 Pilot Test를 기존보다 Scale-up시켜 재수행토록 함.	무	Scale-up	유
…	…	…	…	…

② 각 주요 요구(및 요구 수준)들에 대한 '적정 수준' 분석 수행('사실 분석'에 대응).

일단 각 요구별 '하한 수준'과 '실리 수준'이 정해지면 다음은 '손해도 없으면서 큰 이익도 되지 않는 적정 값'을 설정한다. 앞서 '적정 수준'은 대면이 이루어질 때마다 달라지며 타협점에 수렴해가는 특징이 있다고 하였다. 따라서 이 Step에서의 '적정 수준'이란 "이 정도면 합리적이다"라고 할 참고 수준이지 고정된 값은 아니다. 또 '이해관계자'에게 처음부터 '하한 수준'이나 '실리 수준' 같은 극단 값으로 제시할 순 없기 때문에 적어도 당사가 판단할 최초의 기준 값 정도만 있으면 도움이 된다. 예를 들어 2차 대면 때 제안할 요구별 '적정 수준'들을 조합할 때, '보증 기한'을 '이해관계자'에게 유리한 '4년'으로 길게 제시할 목적이면 반대로 '가격'을 '실리 수준'인 '3,000원'으로 밀어붙일 전략이 유효하다. 그러나 그 반대의 경우라면 '적정 수준'은 '가격=2,800원', '보증 기한=3년' 등의 접근도 한 방법이다. 즉, 이 Step에서의 '적정 수준'이란 판단의 기준이 되는 정도의 값을 알아내는 것일 뿐, 2차 대면 시점부터는 상황에 따라 제시 값이 변동되는 특징이 있다. 다음 [표 A-5]는 대면에 들어가기 직전 시점에서의 '적정 수준' 설정 예이다.

[표 A-5] '적정 수준'의 설정 예(대면 전 중간 값 설정)

CTQ	Gap 분석	하한 수준	적정	실리 수준
가격	시뮬레이션 결과, 마진율을 15%에서 13%수준으로 낮출 경우 2,850원이 '적정 수준'임.	2,500원	2,850	3,000원
보증 기한	-	4년	3년	3년
Sample 비용	개발 중 제작된 Body들이 114개가 있으며, 보조 Part 비용만 추가하면 6,100원이 평균수준으로 확인됨.	5,000원	6,100	6,800원
양산 경험 유무	-	무	Scale-up	유
…	…	…	…	…

[표 A-5]에서 빨간색으로 표시한 수치들이 시뮬레이션이나 상황 분석 등을 통해 얻어진 '적정 수준'들이며, 일반적으로 예기하는 '산술 평균', 즉 '하한 수준'과 '실리 수준' 사이의 중간 값과는 거리가 있다. 1차로 제시할 '적정한 값' 정도로 인식하면 좋을 듯하다.

[그림 A-2] 'Step-7. 1차 대면 이해관계자 요구 분석' 작성 예

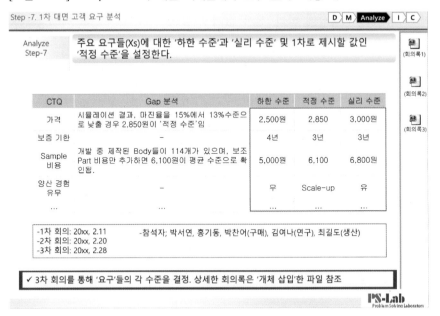

[그림 A-2]는 '하한 수준', '실리 수준' 및 2차 대면 전 '적정 수준'을 최종 얻은 결과이며, 과정 중 협의 내용이나 설정 근거 등은 모두 장표 오른쪽의 '개체 삽입'된 파일들에 포함된 것으로 가정한다.

　　　　　　　　각 요구별 '수준'들을 조합하여 '대응 전략'을 마련한다. '하한 수준'과 '실리 수준'은 내부에서만 통용되는 대외비이며 외부에 노출될 경우 협상에 심각한 타격을 초래할 수 있다. 따라서 이들 값이 노출되지 않는 선에서 다가올 대면 때 얼마의 값을 제시할지를 정해야 하는데 이것이 바로 '수준들의 조합'이 필요한 이유이다.

　다가올 대면을 위해 어느 '적정 수준'들이 정해질지는 대상과 처한 상황에 따라 달라진다. 1차 대면 때 '이해관계자'가 '가격'을 강하게 밀어붙였다면 '실리 수준'보다 조금 낮은 '2,900원'을 제시하되, 다른 요구에서 그에 상응하는 보상을 받도록 '적정 수준'을 조정한다. 협상은 2차 대면에서 끝나는 것이 아니므로 3차, 4차 또는 규모나 대상에 따라 그 이상의 대면도 염두에 두고 '적정 수준'을 정해야 한다. 따라서 이 과정이 마치 전장에서 승리하기 위한 다양한 변수를 고려하는 것과 유사하므로 '전략'이란 전쟁 용어가 쓰였으며, '이해관계자'가 요구한 수준에 대응하는 과정이므로 '적정 수준의 조합된 결과'를 '대응 전략'이라 통칭한다. 현업에선 이 과정이 매우 중요하므로 팀원 또는 담당 임원의 깊이 있는 고민이 필요하겠지만 본문은 사안을 단순화하기 위해 2차 대면을 위한 '적정 수준'으로써 다음을 결정하였다(고 가정한다).

> '가격=2,900원', '보증 기한=3년', 'Sample 비용=6,600원',
> '양산 경험=유사 제품 생산 능력 기 보유'　　　　　　　　(A.1)

다음 [그림 A-3]은 파워포인트 작성 예이다.

'이해관계자'와의 2차 대면 중 어느 항목을 희생해서 목적하는 바를 달성할 것인지는 흔히 야구 경기에서 병살타를 활용할 것인지에 대한 감독의 전략적 판단에 비유될 수 있다. 사전에 미리 꼼꼼한 접근을 하는 길만이 목표를 달성할 가능성도 그만큼 증대된다는 점을 명심하자. [그림 A-3]에 식 (A.1)의 'Sample 비용=6,600원'이 빠진 이유는 첫 대면에서 굳이 관심 사항임을 노출시키지 않으려는 전략적 판단으로 가정한다.

참고로 본 Step에서 각 요구들의 어느 값들을 조합할 것인지 결정할 때, 선택 사항들이 다수이거나 과정을 팀원들과 눈으로 보면서 공유하고 싶으면 문제 해결 과정에서 흔히 쓰이는 'Idea Box'를 사용한다. 이 도구는 「Be the Solver_정성적 자료 분석(QDA)」편에 'Morphological Matrix'란 명칭으로 설명돼 있으니 용법이 필요한 독자는 참고하기 바란다. 'Morphological Matrix'는 공학 분야에 쓰이는 용어인 만큼 수주 과제인 점을 감안해 범용 명칭인 'Idea Box'로 호칭하겠다. [그림 A-3]의 결론을 얻기 위해 다음 [표 A-6]과 같은 'Idea Box'가 사용될 수 있다.

[표 A-6] '대응 전략'을 얻기 위한 'Idea Box' 적용 예

	가격	보증 기한	양산 경험	대응 전략		
				가격	보증 기한	양산 경험
1	3,000원	2년	유사 제품 양산 경험 홍보	1번	3번	2번
2	2,900원	3년	유사 제품 양산 경험+Pilot Line 규모 있음 홍보	4번	1번	3번
				2번	3번	3번
3	2,850원	4년	당사 견학 제안	3번	2번	2번
4	2,800원	5년	–	2번	2번	2번
				…	…	…

[표 A-6]의 '대응 전략' 중 빨간색의 조합이 최종 결정임을 나타낸다. 예를 들어 2차 대면에서 제시할 안은 "가격=2,900원, 보증 기한=3년, 양산 경험=유사 제품 양산 경험+Pilot Line 규모 있음 홍보"이다.

[표 A-6]에 제시된 개별 안들은 '가격=4수준', '보증 기한=4수준', '양산 경험=3수준'이므로 총 '48개 조합(=4×4×3)'이 가능하며, 따라서 중요 조합들에 대한 팀원들의 열띤 협의와 노력이 필요함을 짐작게 한다. 'Idea Box'의 '수준'을 'Variation', '요구(또는 항목)'를 'Parameter'라 부르기도 한다. 파워포인트 작성 예는 생략한다. 여기서 결정된 '대응 전략'은 Improve Phase에서 '수주 여부'와의 '인과관계'를 결정짓는 근거 자료로 작용한다.

Improve: 수주하기

'Improve'는 '향상' 또는 '개선'으로 해석하며, 기존과 달라졌다는 의미를 내포한다. 그렇다면 수주 과제에서 기존과 달라졌다는 것은 무엇일까? 수주가 안 된 상태 대비 수주가 된 상태를 바로 '개선'의 의미로 해석할 수 있다. 따라서 본 Phase에선 수주가 이루어질 때까지 고객과의 대면 활동이 지속된다.

Improve Phase 개요

　　　　　　수주 과제에서의 'Improve'는 '수주하는 것'이
다. 수주를 못하면 '실패 사례'로 남는다. 그러나 '실패 사례' 역시 중요한 자
산이므로 수주를 못했다고 해서 과제 자체가 실패한 것은 아니다. 따라서
Improve Phase에선 목표 달성을 위한 단계별 접근을 어떤 고민과 노력을 통해
전개했는지 과정의 품질에 집중할 필요가 있다. 구체적으론 '이해관계자'와의
2차, 3차 대면을 지속하면서 팀원들 간 협의를 거쳐 어떤 근거로 '대응 전략'
들을 마련했는지 정해 나간다. 이들 하나하나는 왜 수주가 성공했고 실패했는
지를 설명할 중요한 지식 자산으로 남게 될 것이다.

　Improve Phase는 Analyze Phase에서 마련된 최초 '대응 전략'을 바탕으로
'이해관계자'를 2차 대면하면서부터 시작된다. 예를 들어, '가격=2,900원', '보
증 기한=3년', '양산 경험=유사 제품 양산 경험과 Pilot Line 규모 있음'을 제
시하고 이에 대한 '이해관계자' 반응을 살핀다. 제시된 안들에 대해 일부는 긍
정을, 일부는 부정 또는 타협안을 제시할 것이며, 이 모두가 다음 대면을 위한
또 하나의 중요한 정보로 기록된다. 또 이 상황은 1차 대면 때와 매우 유사한
데 '이해관계자'가 제시한 새로운 타협안이나 제안들은 3차 대면 때 마련될
'대응 전략' 수립을 위한 새로운 '잠재 원인 변수(Xs)'에 해당한다.

　'잠재 원인 변수(Xs)'가 기존 '요구'에 대한 갱신이든 아니면 새로운 것이든
일단 검토 대상으로 보고 다시 이들에 대해 '적정 수준' 마련을 위한 내부
검토로 들어간다. 결국 상황에 적합한 '제안('적정 수준'들이 조합된 것)'들이
재정립될 것이며, 이 '제안'들 중 하나가 3차 대면을 위한 '대응 전략'으로
선정된다. 또 이 과정에 경쟁사 동향, 업계 동향, 환율 변동, 당사 당면 문제,
조업 상황, 원료 수급의 변화 등등 시시각각 변화되는 정보가 실시간으로 반
영돼 최종 마련된 '대응 전략'의 영향력을 배가시킨다. 이 같은 활동은 '수주

했음' 또는 '수주 못했음'의 결과에 이를 때까지 지속적으로 반복된다. 다음 [그림 I-1]은 지금까지의 Improve Phase 설명을 요약한 개요도이다.

[그림 I-1] 'Improve Phase' 개요도

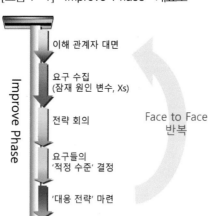

[그림 I-1]에서, 첫 단계인 '이해관계자 대면'을 통해 당사 제품(또는 서비스)에 대한 '이해관계자'의 요구나 불만 등이 접수되며, 이들은 고객의 '요구 (또는 잠재 원인 변수 Xs)'로 간주된다. 사내에선 이들을 토대로 팀원들과 '전략 회의'를 수행하게 되고 이 회의를 거쳐 각 요구별 '적정 수준'들이 결정되며, 다시 '적정 수준'들의 조합을 통해 최종 확정된 안, 즉 '대응 전략'이 완성된다. 이 안은 '목표 기업'의 '이해관계자 대면' 중 전달되고, '이해관계자'는 '대응 전략'을 기반으로 한 새로운 '요구'들을 다시 역제안하는 과정이 반복된다. 이와 같은 반복적인 활동의 전개는 'Step-9. Face to Face 반복'에서 다룬다. 반복 과정이 몇 회전을 도는지는 처한 상황이나 수주 과제의 난이도에 따라 달라질 것이며 결국 수주를 했는지 아니면 못 못했는지가 최종 종착역이 되는데, 이 시점의 정리는 'Step-10. 수주 여부 확정'에서 다루어진다. 각 '세부 로드맵'에 대해 알아보자.

Step-9. Face to Face 반복

             아마 기존 '프로세스 개선 방법론' 로드맵에 익숙한 리더라면 수주 과제에서의 Improve Phase인 본 '세부 로드맵(또는 Step)'이 왜 이리 단순할까 하고 의아해할 수 있다. 주 활동이 Analyze Phase 에서 수행된 과정의 정확한 반복이기 때문이다. 이 부분에 대한 개요는 [그림 I-1]에 잘 나타낸 바 있다.

    그러나 앞선 Analyze Phase의 활동과 분명한 차이를 보이는 점들이 있는데, 하나는 '수주 여부'가 결정된다는 것과, 다른 하나는 '수주 목표'를 달성하기 위해 정확히 어떤 구체적 방안들이 마련됐는지가 드러난다는 것이다. 첫 번째 사항은 두 번째 사항을 통한 결과이므로 결국 'Step-9. Face to Face 반복'은 "수주 여부에 이르게 한 '대응 전략'들이 어떤 차별성을 갖고 있는가?"에 초점 이 맞춰진다. '차별성'은 곧 당사의 제품이나 인지도를 평상시 알리는 수준에 서 벗어났음을 의미한다. 만일 과제로 선정돼 수 개월간 추진했음에도 일상적 인 접근만으로 수주가 이루어진다면 아마 과제 선정 단계에서의 문제점을 지 적하지 않을 수 없다. 반드시 그런 것은 아니겠지만 이런 유형의 과제라면 '즉 실천' 또는 과제가 아닌 '일상적 처리'만으로도 해결이 가능할 수 있다. 이제 '차별성'이 '문제 해결 방법론' 안에서 어떤 작용을 하는지에 대해 알아 보자.

    '프로세스 개선 방법론'의 로드맵에서 Measure Phase 내 'Step-6. 잠재 원 인 변수의 발굴'을 보자. 먼저 측정된 'Y'의 '현 수준'과 '목표 수준' 간 갭을 만들어낸 모든 '잠재 원인 변수(프로세스 변수, 잠재 인자)'들을 우선 발굴하는 데, 이때 이들 모두가 갭을 줄이는 데 영향을 주는 것이 아니라 1차적으로 우 선순위화를 거쳐 선별하게 되며, 이 결과물을 '선별 Xs(Screened Xs)'라 하였 다. '선별 Xs(Screened Xs)'는 다시 '즉 실천'할 것들을 제외하고 진정한 영향력이 있는 변수들을 골라내기 위한 수순으로 들어가는데 이 과정이 Analyze Phase이며, 특히 Analyze Phase를 거치면서 '개선 방향'이 도출된 두드러진 '잠재 원인 변수'들을 '핵심 인자(Vital Few Xs)'라 하였다. 이 인자들은 최초 'Step-6. 잠재 원인 변수의 발굴'에서의 변수들과는 분명한 '차별성'을 갖는다. 왜냐하면 Measure Phase의 '현 수준'과 '목표 수준' 간 갭을 메워줄 선택된 변수들이기 때문이다.

앞서 기술한 전개는 수주 과제에서도 동일한데, '현재의 판매량(또는 매출)' 수준과 '목표 판매량(또는 목표 매출)' 간 갭을 메우기 위해 당사 담당자들은 '이해관계자'와의 반복적 대면을 시도할 것이며, 대면 과정에서 나온 '핵심 요구(Vital Few Xs)'들을 당사의 이익과 비교함으로써 '적정 수준'의 대응 안을 만들어낸다. 이 안들은 주변의 수많은 대응 가능한 안들 중 특정 제품(또는 서비스)의 목표 달성에만 한정된 것들로 기존 '프로세스 개선 방법론'에서의 'Vital Few Xs'로부터 형성된 '개선 방향'과 정확히 일치한다. 즉, 여러 가능한 안들과 비교했을 때 분명히 구분된 '차별성'을 갖는다. 이들 용어의 관계성을 재강조하면 다음 [그림 I-2]와 같다.

[그림 I-2] 용어 비교

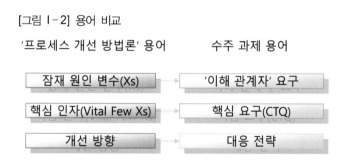

'프로세스 개선 방법론'에서 Improve Phase의 중간 산출물이 이론적으론

'Y=f(Xs)'를 얻는 데 있으므로, [그림 I-2]를 통해 다음과 같은 관계를 유추할 수 있다.

Y(수주 여부)=f('핵심 요구'들, 즉 Vital Few Xs)　　　　　(I.1)

식 (I.1)이 의미하는 바는 큰데, Improve Phase에서 정립된 '핵심 요구'들과 그로부터 형성된 '대응 전략'들은 결국 '수주 여부'의 '원인'으로 작용함을 알 수 있고, 따라서 Analyze Phase와 Improve Phase로 이어지는 연속된 로드맵은 인과성을 설명하는 과정으로 이해된다. 즉, 영업 부문에서 통상 "왜?" 또는 "어떻게?" 수주를 했는지 '인과관계'의 모호성을 명확하게 밝혀줄 중요한 근거 자료의 생성 과정에 해당한다.

'인과관계'를 정립해 나가는 일 외에 추가로 '이해관계자'의 2차 대면부터 꼭 산정해야 할 값이 있는데 바로 '수주 확률(또는 승률)'이다. 이 값은 Measure Phase에서 '이해관계자'의 1차 방문 후 사전 정의된 방식대로 당사와 경쟁사의 '수주 확률(또는 승률)'을 계산했으며, 이를 기반으로 달성해야 할 '목표'도 설정하였다. 통상 '프로세스 개선 방법론'에선 '수준 평가'를 Measure Phase에서 1회 측정한 뒤, Improve Phase가 완료되는 '결과 검증', 실 프로세스 검증을 마친 Control Phase 등에서 각각 한 차례씩 총 3회 정도 수행한다. 그러나 이것은 Analyze Phase, Improve Phase를 거치는 동안 실제 프로세스엔 별 변화가 없다는 것을 전제하는 반면, 수주 과제는 '이해관계자'를 대면할 때마다 조건이나 상황 등이 쉴 새 없이 바뀌므로 중간중간 상태를 업데이트해 팀원과 공유할 필요성이 크게 대두된다. 예를 들어, '이해관계자'와 '가격'에 있어 '적정 수준'에 타협했으나 갑작스러운 환율 변동으로 그 '가격'을 유지하지 못하게 되면 어느 쪽에선가 수정 요청이 올 수 있고, 이를 수용하느냐 여부에 따라 작게는 '가격'의 재협상부터 크게는 거래 자체가 없었던 일이 될 수도 있다. 따라서 '이해관계자'와의 대면이 있을 때마다 상황을 수치로 표현해봄으로써 '이해관계자'의 수용도와 과제의 진척도를 파악할 수단이 필요하다. 이런 접근은 '제품(또는 프로세스) 설계 방법론'에선 일상적이다. 즉, 프로세스나 제품을 설계하는 작업은 매 순간 어떤 '기능'을 포함시킬지 판단하고 또 다양한 위험 회피 방법에 대해 의사 결정하는 과정으로 이루어지므로 직전 활동의 수준을 가늠할 '핵심 특성(CTQ)'들을 측정하는 일이 매우 중요하다. 이것을 '제품(또는 프로세스) 설계 방법론'에선 'Scorecard(점수표)'라고 한다. 마치 탁구 경기에서 승점을 획득할 때마다 승자 쪽 점수표의 점수가 한 점씩 올라가는 원리와 동일하다. 그 점수는 승점을 올리기 직전까지 탁구 선수의 순간순간의 과정을 대변하는 척도이며 점수 차가 벌어지면 코치는 'Time-out'을 불러 숨고르기 등 과정의 품질을 제어한다. 수주 과제에서도 '이해관계자'와의 대면 후, 항상 '수주 확률(또는 승률)'을 측정해서 대면 과정의 품질을 확인하고 필요하면 좀 더 유리한 방향으로 수주 과정의 품질을 제어하는 데 이용한다. '목표 기업'을 2차 방문 후 측정된 요구(항목)별 점수는 다음 [표 I-1]과 같다(고 가정한다).

[표 I-1] 2차 대면 후 '이해관계자'들에 대한 평가

이해 관계자 \ 당사	구매 결정력			제품 선호도			우호도		
	팀장	영업담당	품질담당	팀장	영업담당	품질담당	팀장	영업담당	품질담당
구매 임원	4	4	4	−3→−1	−4→−2	−1	2	1	3
구매 담당자	3	2→4	2→4	1→2	3	2	2	3	2
개발 담당자	4	5	4	−1	−2	1→3	4	2	3
평가 담당자	2	3	2	3	2	4	2	3	2

[표 I - 1]의 2차 방문 후 평가에서, '구매 결정력' 내 '2 → 4점으로의 변화'는, 1차 대면 당시 구매 임원이 회의에 참석했으나 2차 대면 이후부터 구매 담당자만 참석한다는 정보로부터, 그의 판단 여하가 그대로 구매 임원께 전달될 것을 염두에 두고 영향력이 한층 커졌음을 표현한 것이다(로 가정한다). 그러나 '구매 결정력'은 여전히 임원이 대부분 갖고 있을 것이므로 구매 담당자로부터 임원의 근황을 파악한 평가는 1차 대면 때 점수를 그대로 유지한다. '제품 선호도'는 준비해 간 '가격', '보증 기한' 등의 '대응 전략'이 어느 정도 성과가 있었음을 시사한다. Measure Phase의 [표 M - 7]과 동일한 '평균' 표를 만들기 위해 [표 I - 1]의 각 항목별 행의 값들을 '평균'한다. 다음 [표 I - 2]는 그 결과이다.

[표 I-2] '측정 항목'별 '이해관계자'들의 '평균'을 모음

이해관계자	구매 결정력	제품 선호도	우호도
구매 임원	4	−1	2
구매 담당자	4	2	2
개발 담당자	4	0	3
평가 담당자	2	3	2

기억을 되살리기 위해, '제품 선호도'의 '구매 임원' 경우 '−1'이 어떻게 나왔는지 알아보면, 다음 식 (I.2)와 같다.

$$\overline{X_{제품선호도/구매임원}} = \frac{-1+(-2)+(-1)}{3} = -1 \qquad \text{(I.2)}$$
$$(\because 소수점 1자리에서 반올림)$$

[표 I - 2]의 나머지 값들도 동일한 과정으로 얻어졌다. 이제 2차 대면 후

'수주 확률(또는 승률)'을 산정해보면 다음 [표 I-3]을 얻는다.

[표 I-3] 2차 대면 후 '수주 확률(또는 승률)' 산정

이해관계자	구매 결정력	제품 선호도	우호도	개별평가	산식
구매 임원	4	−1	2	4	=4×(−1+2)
구매 담당자	4	2	2	16	=4×(2+2)
개발 담당자	4	0	3	12	=4×(0+3)
평가 담당자	2	3	2	10	=2×(3+2)
총합(Σ)				42	=(4+16+12+10)
수주 확률(또는 승률)				21%	=42/(4÷2)%

최종 얻어진 '수주 확률(또는 승률)'은 Measure Phase의 식 (M.3)을 활용했으며, 참고로 다음에 다시 옮겨놓았다.

$$수주확률(또는 승률) = \frac{\sum 구매결정력 \times (제품 선호도 + 우호도)}{(이해관계자 수 ÷ 2)} \qquad (I.3)$$

'수주 확률(또는 승률)'은 1차 대면의 '11%' 대비 2배 정도 높아졌음을 알 수 있다. 이것은 '가격'과 '보증 기한' 등의 미리 마련된 '대응 전략'이 어느 정도 먹혀들었음을 시사한다. 그러나 과정은 생략하겠지만 경쟁사의 '수주 확률(또는 승률)'을 산정하는 일도 잊어선 안 된다. 만일 계산상으로 경쟁사보다 높은 점수가 얻어진다면 왜 그런 결과가 나왔는지, 또 평가가 충분히 객관적으로 이루어졌는지 심도 있게 검토한다. 본 예에선 경쟁사의 '수주 확률(또는 승률)'은 Measure Phase에서 측정된 '45%' 대비 큰 변화가 없는 것으로 가정한다(47%). 2차 대면 후 평가된 '수주 확률(또는 승률)'을 파워포인트로 정리하면 다음 [그림 I-3]과 같다.

[그림 I-3] 'Step-9. Face to Face 반복' 작성 예(2차 대면 수주 확률 산정)

| Step -9. Face to Face 반복 | | | | | D M A Improve C |

| Improve Step-9 | '목표 기업'의 2차 방문 후, '이해 관계자'의 수용 도를 측정하기 위해 '수주 확률(또는 승률)'을 측정한다. | (수주확률) |

['이해 관계자 '2차 평가]

당사 이해 관계자	구매 결정력			제품 선호도			우호도		
	팀장	영업담당	품질담당	팀장	영업담당	품질담당	팀장	영업담당	품질담당
구매 임원	4	4	4	-3→-1	-4→-2	-1	2	1	3
구매 담당자	3	2→4	2→4	1→2	3	2	2	3	2
개발 담당자	4	5	4	-1	-2	1→3	4	2	3
평가 담당자	2	3	2	3	4	4	2	3	2

['현재 수주 확률(또는 승률)' 산정]

이해 관계자	구매 결정력	제품 선호도	우호도	개별평가	산식
구매 임원	4	-1	2	4	=4 x (-1 + 2)
구매 담당자	4	2	2	16	=4 x (2 + 2)
개발 담당자	4	0	3	12	=4 x (0 + 3)
평가 담당자	2	3	2	10	=2 x (3 + 2)
총합(Σ)				42	=(4 + 16 + 12 + 10)
수주 확률(또는 승률)				21%	=42/(4 ÷ 2)%

✓ 2차 대면을 통해 '제품 선호도'의 향상이 관찰됨. '수주 확률'은 '11% → 21%'로 증가함.

PS-Lab
Problem Solving Laboratory

[그림 I-3]에서 2차 대면 중 '대응 전략'을 통해 '수주 확률(승률)'이 기존 '11%'에서 '21%'로 약 2배 정도 향상되었음을 표현하고 있다.

'수주 확률(또는 승률)'에 충분히 공감대가 형성됐으면 다음은 2차 대면 중 '이해관계자'가 새롭게 요구한 항목이나 조건 또는 당사가 제시한 '대응 전략'에 대한 의견을 모아본다. 이 작업은 3차 대면을 위한 '대응 전략' 마련이 시작됨을 의미한다. 다음 [그림 I-4]는 '이해관계자'의 새로운 '요구'를 정리한 예이다.

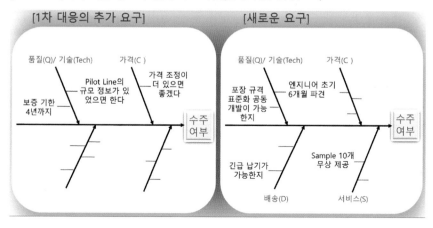

[그림 I-4] 2차 대면 중 '이해관계'자 요구들(잠재 원인 변수, Xs)

지금까지의 전개 과정을 이해하기 위해 상황을 재정리해보자. 우선 1차 대면을 통해 당사에서 마련한 '대응 전략'은 '가격=2,900원', '보증 기한=3년(일단 제시 후 이견 시 가격 조정 이슈로 활용)', '양산 경험 유무=Pilot Line 규모가 큰 것을 홍보'였으며, 이에 대한 '이해관계자'의 조정 의견으로 '가격=좀 더 낮추었으면 한다'와 '보증 기한=4년으로 최초 5년 요구에서 1년 낮추되 Sample 10개 무상 제공'을, '양산 경험 유무=Pilot Line의 규모에 대한 정보 제공이 있었으면 한다'로 요약되었다(고 가정한다). 또 기존에 없던 새롭게 강조된 요구로 "포장 규격을 표준화할 공동 연구 개발을 제안"하였으며, 이것은 서로 다른 펠릿(Pallet, 통상 '팔레트'로 호칭)으로 인한 운송 비효율 개선과, 포장 재료들의 공동 운영으로 원가 절감을 꾀하자는 데 목적이 있는 것으로 파악되었다. 그러나 당사 포장 개발 수준이 '목표 기업'보다 월등히 높아 기술 유출 등의 문제가 있다는 게 고민으로 대두되었다(고 가정한다). 그 외에 초창기 제품 품질 문제가 클 것을 염두에 둔 '초기 6개월간 전문 엔지니어의 파견이 가능한지'와 '목표 기업'이 다품종 소량 생산의 기조가 강해 잦은 'Job

Change'에 따른 '긴급 납기 가능성 여부'를 타진해왔다(고 가정한다). 2차 대면 중 새롭게 요구된 항목들을 포함하여 전체 요구를 장표화하면 다음 [그림 I - 5]와 같다.

[그림 I - 5] 'Step - 9. Face to Face 반복' 작성 예(2차 대면 요구 정리)

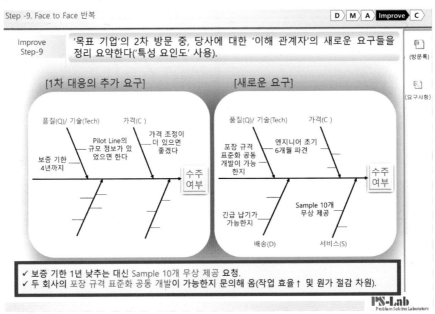

'요구들의 수집'이 완료되었으므로 [그림 I - 1]에서 설명된 바와 같이 다음은 '전략 회의'가 이루어져야 한다. 이 회의에선 "보증 기한을 1년 낮추는 대신 Sample 10개를 무상 제공할 것인가?"와 "두 회사 간 포장 규격 표준화에 대해 공동 개발을 한다면 과연 이점이 무엇인가?" 또 "당사의 긴급 납기 대응 능력은 어느 수준인가?", "엔지니어를 초기 6개월 파견한다면 당사가 그 대가로 요구할 수 있는 항목은 어떤 것이 있는가?", "Pilot Line의 규모 정보를 어

느 수준까지 제공할 것인가?"와 같은 주요 의제를 다루게 될 것이다. 또, 경쟁사의 가격 정책은 무엇이고, '목표 기업'에 얼마의 가격을 현재 제시했는지와 같은 동향 정보 수집과 분석 과정도 포함돼야 할 것이다. 협의할 의제를 명확히 했다면 다음 활동은 실무적 관점에서 관련 담당자들을 소집해 심도 있는 검토 작업을 수행한다.

모든 '대응 전략'을 본문에서 낱낱이 설명하는 것은 불필요하고 의미도 없을 것이다. 어차피 가정된 상황이고 또 영업 담당자들은 이 같은 접근에 익숙할 것이기 때문이다. 따라서 주요 의제 중 하나인 "두 회사 간 포장 규격 표준화에 대해 공동 개발을 한다면 과연 이점이 무엇인가?"와 "Pilot Line의 규모 정보를 어느 수준까지 제공할 것인가?"에 대해서만 대응 예를 가정해보겠다.

"우선 당사의 포장 개발 능력이 '목표 기업'보다 우수하고, '목표 기업'도 이 사실을 인정하기 때문에 주요 요구에 포함시켰을 것이라 판단된다. 이 점을 활용하면 분명 당사에 유리한 조건으로 협상을 이끌 수 있는 여지가 있다. 포장 공동 개발의 긍정적 측면을 보면 현재 납품 시 제품 운송에 쓰이고 있는 펠릿은 회수율이 '0%'로 1회성 용도로 쓰이고 있다. 이것은 당사의 규격과 거래 고객사 규격에 차이가 있어 재활용이 전혀 안 돼 바로 폐기되는 이유이다. 만일 펠릿 하나만이라도 규격이 표준화돼 재활용이 가능해지면 연간 약 10억 이상의 비용 절감 효과가 기대된다. 또 그에 맞는 포장 규격도 통일시킨다면 고객사와의 포장재 공동 구매를 통해 연간 약 6.8억의 비용 절감 효과가 추가 예상된다. 그러나 공동 개발을 통한 단점은 당사가 그동안 포장 개발에 투자한 비용과 시간 및 노력의 대가인 노하우를 한순간에 '목표 기업'에 넘기는 일이 발생할 수 있다. 현재 시점에 장단점을 비교해보면, 당사가 개발한 포장 기술들은 최근 범용화되는 추세이므로 '목표 기업'에 기술이 넘어가는 효과보다 비용 효과를 원가에 반영 시 약 70원의 절감이 기대된다. 따라서 기술 습득을 은근히 바라는 '목표 기업'에 공동 개발을 통한 범용 기술(그들은 발전된 기술로 인지할 것임)을 넘기는 대가로 1차 대면 때 제시한 '가격=2,900원'을 유지하는 전략이 유효하며, 이로부터 영업 이익 폭을 훨씬 높이는 기회로 활용될 수 있을 것 같다."

결국 '전략 회의'를 통해 "범용 포장 기술로 공동 개발에 참여하되, 그 원가 절감 효과가 매우 크므로 영업 이익 폭을 넓히는 계기로 삼겠다"는 안을 만들어냈다. 이때 '적정 수준'은 '포장 공동 개발=공동 개발함'이, '가격=2,900원'이 해당된다. 그러나 실제 현업이라면 '이해관계자'를 대면하면서 "포장 공동 개발을 하겠습니다"와 같이 단문으로 끝내지는 않을 것이다. 또 그렇게 할 수도 없는 게 인력은 어느 수준에서, 기술 범위는 어디까지 또 대상 제품군은 어느 범위까지 정할지, 시작과 끝은 어떤 상황을 기준으로 정하고 절차는 어떤 순서로 밟을지 등에 대해 심도 있는 검토가 이루어져야 하며, 이들을 토대로 최종 제안 내용들을 정리할 수 있다. 이런 여러 고려 사항들은 당사와 '목표 기업' 간 이해관계가 얽혀 있기 때문에 알고 있는 수준에서 몇몇이 관여한 접근만으론 일이 성사된 뒤 상상치 못할 문제점을 유발할 수 있기 때문에 철저한 검토가 필요하다. 당연한 예기다. 또 다른 '요구'인 "Pilot Line의 규모 정보를 어느 수준까지 제공할 것인가?"의 대응 예를 다음과 같이 정리해보았다 (고 가정한다).

"'목표 기업'의 '이해관계자'에 의하면 당사의 신제품에 대해 양산 경험이 없을 것이므로 만일 계약 후 생산에 심각한 문제가 발생되면 파급 효과가 클 것을 우려하고 있다. 따라서 이를 불식시킬 대응 마련이 시급한 실정이다. 1차 대면을 통해 동일하지는 않지만 유사 제품인 B-모델의 양산이 수년간 지속돼온 만큼 신제품 역시 양산엔 전혀 문제될 게 없다는 설명과 그만으론 부족할 것 같아 제품 개발에 사용된 Pilot Line이 준양산 공정임을 강조한 바 있다. 2차 대면 중 '이해관계자'는 양산 공정과 유사한 Pilot Line의 규모에 대한 구체적 정보를 요구하였으므로 현재로선 제공하는 게 수주에 유리할 것으로 보이나 문제는 어느 수준까지를 고려해야 하는지에 고민이 있다. 우선 공정의 상세 설계도는 보안상 어려우므로 프로세스 스케치와 월 1만 대 생산 수준임을 강조한 각종 지표를 포함하는 것이 좋을 것으로 판단된다. 특히 생산 능력을 가늠할 K-불량률 관리에 대해 상세한 이력과 문제 발생 시 대처했던 기록을 함께 제공해 신뢰를 보여주는 것이 좋을 것으로 보이는데,

만일 제품 신뢰도가 높은 점을 부각시킬 수 있다면 현재 '이해관계자'가 요구한 '보증 기한=4년'을 3년으로 유지시키는 제안도 가능할 것으로 판단된다."

이 '전략 회의'를 통해 '대응 전략'은 'Pilot Line 규모에 대한 정보 제공=공정도 스케치, 월 1만 대 생산 수준 기록 자료, 핵심 K−불량률 관리 기록'과, '보증 기한=3년'임을 알 수 있다. 단순히 하나의 '요구'에 하나의 '적정 수준'만을 마련하는 것은 매우 근시안적인 접근이다. 요구 내용 그대로 만족시켜 줄 대응책을 마련하기보다 뭘 주고 어떤 것을 받아낼 수 있는지 공동 연구하면서 대안을 완성하는 게 바람직하다. 이것이 진정한 의미의 협상력이다. 1회의 만남으로 한 번에 협상을 마무리할 목적에 무리한 조건을 달든가, 요구들을 독립적으로 보고 대안을 마련하는 접근 등은 가급적 피해야 할 대목이다.

지금까지 2차 대면에서 발생된 요구들에 대해 '대응 전략'을 마련했으며, 앞으로 내부 승인을 거쳐 최종 확정시키는 단계를 남겨두고 있다. 필요하다면 의사 결정자인 임원이 참석한 가운데 전체적인 재검토가 있을 수 있다. 다음은 전략 회의에서 결정한 '요구'들의 '적정 수준' 및 '대응 전략'을 요약한 것이다.

'가격=2,900원', '보증 기한=3년', 'Sample 비용=6,000원', '양산경험=Pilot Line 공정도 스케치/월 1만 대 생산수준 검증자료/K−불량률 관리기록', '포장표준화 공동연구=(범용)기술에 대한 공동연구개발 가능', '긴급납기=재고확보로 월 2회 한해 긴급납기 대응가능', '엔지니어 초기 파견=3개월'   (I.4)

다음 [그림 I−6]은 3차 대면을 위한 '대응 전략'을 장표로 정리한 예이다.

[그림 I-6] 'Step-9. Face to Face 반복' 작성 예(3차 대면을 위한 대응 전략)

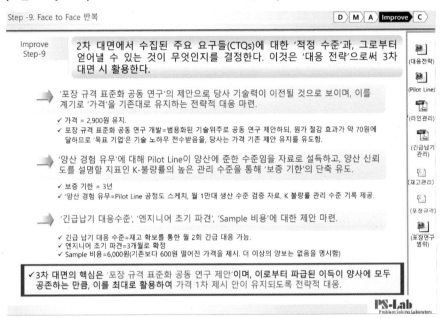

여기까지가 '목표 기업'의 '이해관계자'를 2차 대면해서 얻은 요구별 '대응 전략(제안서에 포함됨)'의 전체 모습이다. 주의할 사항은 '대응 전략' 모두를 장표에 빠짐없이 기술하는 것도 중요하지만, [그림 I-6]에서 보듯 장표 오른 쪽의 '개체 삽입' 파일들에도 소홀함이 없어야 한다. 예를 들어, '이해관계자' 에게 당사 신제품 개발에 쓰인 'Pilot Line 정보'를 제공함에 있어, '공정도 스케치'나 'K-불량률 관리 기록' 등의 문서가 필요하며 이들을 검토한 내부 자료, 또는 '목표 기업'에 제시할 문서 모두가 그대로 포함돼야 한다. 만일 기술 자료나 회의록, '목표 기업'에 제공할 문서 등이 빠진다면 '영업 수주 방법론' 의 로드맵은 단순히 메모에 지나지 않을 것이다. 우리는 현재 '메모'를 필요로 하는 것이 아니라 과제가 왜 성공하고 실패했는지에 대한 '과정'과 '원인'이

필요하다. 시간이 지나 도대체 이 과제에서 무슨 노력을 했고 어떤 전략적 대응을 통해 성공 사례 또는 실패 사례가 되었는지 그 내용 파악이 안 된다면 '과제'뿐만 아니라 '자료'로서의 가치도 잃어버릴 것이다. 이런 문서라면 그냥 'Nothing!'으로 치부해도 큰 문제가 되지 않을 듯싶다.

수주 과제를 '영업 수주 방법론'으로 풀어갈 때의 짜릿함이란 지금과 같은 '대응 전략'을 통해 '이해관계자'가 점점 우리 편으로 끌려오는 모습이 관찰될 때이며, 특히 '수주 확률(또는 승률)'의 점진적 향상이 이런 모든 상황을 대변한다는 것을 확인하는 일이다. 사실 '수주 여부'가 2차 대면만으로 모두 결정될 수도 있으나 제품(또는 서비스)이나 상황에 따라 '대면의 반복'이 계속 이루어질 수 있다. 여기서는 가정된 상황을 계속 반복해서 보여주기보다(또 의미도 없을 것이므로) 중간 과정을 생략하고 최종 대면을 가정해서 마무리하고자한다. 즉 [그림 I-6]을 토대로 3차 대면이 있었고 이후 4차, 5차의 대면이 이어진 후, 경쟁사와 '가격'적 우위만이 남겨져 있는 상황으로 가정하겠다. 다음은 가정된 상황에 대한 입장을 요약한 것이다.

"5차 대면을 거치면서 현재까지 확정된 사안은 당사 측 요구인 '보증 기한=3년'을 수용하되, 매 신제품(또는 개발품)의 Sample 비용을 단가의 150% 수준으로 제공하기로 하였고, 제품 신뢰도 보증 차원에서 Pilot 과정의 불량률 관리 기록을 공개하도록 합의하였다. 또 포장 규격 표준화 공동 연구 및 개발은 수행 전 양사 담당자를 중심으로 한시적 협상단을 만들어 제품과 업무 범위를 협의토록 합의하였다. 그 외에 긴급 납기나 초기 엔지니어 파견도 합의 수준에 이르렀으나, 여전히 첨예하게 신경전을 벌이고 있는 '가격' 요구가 미해결 문제로 남아 있는 상황이다. 그 원인의 가장 큰 배경은 당사와의 유리한 협상이 궤도에 오르고 있음을 감지한 경쟁사가 가장 민감한 '가격' 측면을 이슈로 몰아가고 있기 때문이다. 당사는 1차 대면에서 제시한 '가격=2,900원'에서 '210원' 떨어진 '2,690원'을 고수하고 있다. 현재로선 경쟁사 가격의 윤곽을 알아냄과 동시에 '목표 기업'의 Target Price가 어느 수준에 있는지 확인하는 것이 가장 급선무이다. 5차 대면 중 '이해관계자'로부터 포장 규격 표준화 공동 개발 부문과 긴급 납기 대응에 대해 당사가 유리한 입장을 보이고 있다는 의견을 전해 들은 상황이다. 특히 포장 표준화 공동 연구 개발은 당사의 기술적 신뢰도와 장기적 원가 절감 측면에서 매우 긍정적인 평가가 있었다."

'목표 기업'과의 5차 대면 후 '핵심 요구(CTQ, 또는 잠재 원인 변수)'는 '가격'으로 압축되었으며, 이에 대한 '전략 회의'가 수행되었다(고 가정한다). 현재로선 경쟁사가 제시한 '가격'의 윤곽과 '가격' 보정을 위해 쓰인 추가 '제안'에 어떤 것이 있는지를 파악하는 게 급선무이며, 이를 위해 '목표 기업'의 '이해관계자'를 활용하는 방안과 경쟁사와 연계된 채널을 최대로 가동해서 정보를 수집하는 쪽으로 의견이 모아졌다(고 가정한다). 다음은 활동 결과를 토대로 '목표 기업'에 최종 제안을 하기 위해 소집된 가정된 팀 회의 상황이다.

"수차례의 접촉 과정 중 당사에 호감도가 높아진 '목표 기업'의 평가 담당자 의견으론 경쟁사 제안 '가격'이 당사보다 조금 낮은 수준임을 암시해주었다. 또 그 폭이 작을 거란 의견에 따라 2,400~2,600원 정도로 우리 측보다 '100원' 이상 저렴한 것으로 추정된다. 이는 경쟁사가 '목표 기업'과 기반이 유사한 고객사에 '2,580원'을 제시했다는 정보와도 일맥상통한다. 그러나 평가 담당자 의견으론 품질적인 측면에서 당사가 우위에 있고, 특히 포장 개발을 공동으로 추진해 얻어질 원가 절감 효과가 클 것이란 기대와 업무 효율의 향상 및 포장 설계의 노하우 전수 역시 매우 긍정적으로 평가하고 있음도 암시해주었다. 따라서 포장 표준화 공동 연구 개발로 원가가 정확히 얼마나 절감되는지 근거 자료가 요구되며, 원가 관리팀에 산정을 의뢰하는 것으로 결론짓고 결과가 나오면 다시 회의를 소집하기로 결정하였다."

1주 뒤 원가 관리팀의 검토 결과가 보고되었으며 다시 소집된 팀 회의 상황을 요약하면 다음과 같다(고 가정한다).

"원가 관리팀의 검토 결과 애초 추정된 연간 생산량 기준 약 70원 수준보다 더 높은 86원의 절감 효과가 있는 것으로 보고되었다. 따라서 '목표 기업'에 이 검토 보고서를 제출해서 현 '2,690원'에서 '86원' 줄어든 '2,604원'의 원가 절감 효과를 설명한 뒤, 여전히 남아 있을 경쟁사와의 차이 분인 약 100원만큼 초기 엔지니어 파견 기간을 현재 3개월에서 6개월로 연장해 개발된 포장이 완전하게 적용될 때까지 지원하도록 최종 제안하기로 하였다."

이 최종 제안서는 팀원들이 정리한 후, '이해관계자'와의 6차 대면 중 설명과 함께 제출되었으며, 방문 후 최종 평가한 '수주 확률(또는 승률)'은 다음과 같이 요약되었다(대면 후 '이해관계자'들의 개별 평가는 생략).

[표 I-4] '측정 항목'별 이해관계자들 '평균'을 모음(6차 대면 후)

이해관계자	구매 결정력	제품 선호도	우호도
구매 임원	4	4	4
구매 담당자	4	4	5
개발 담당자	4	5	4
평가 담당자	2	5	5

이 '평균'을 토대로 다음과 같은 '수주 확률(승률)'이 계산되었다(고 가정).

[표 I-5] 6차 대면 후 '수주 확률(또는 승률)' 산정

이해관계자	구매 결정력	제품 선호도	우호도	개별평가	산식
구매 임원	4	4	4	32	=4×(4+4)
구매 담당자	4	4	5	36	=4×(4+5)
개발 담당자	4	5	4	36	=4×(5+4)
평가 담당자	2	5	5	20	=2×(5+5)
총합(Σ)				124	=(32+36+36+20)
수주 확률(또는 승률)				62%	=124/(4÷2)%

'구매 결정력'은 변동 없이 그대로 왔고 경쟁사 대비 품질의 우위가 여러 번 '이해관계자'로부터 확인되어 '제품 선호도'가 전반적으로 올라간 상태이다. 특히 품질 수준을 직접적으로 파악한 '개발 담당자'와 '평가 담당자'의 점수가

높게 평가돼 있다. 과제 시작 시점에 경쟁사의 '수주 확률(또는 승률)=45%'를 참고로 '목표=54%'로 삼았던바, 최종 대면 후인 현시점에 '62%'는 목표를 초과 달성한 상태이다. 그러나 절대치가 아닌 상대적 비교이므로 경쟁사의 수준도 평가돼야 한다. 별도로 산정하진 않겠지만 경쟁사의 현 '수주 확률(승률)=59%'로 나왔다고 가정한다.

'수주 확률(또는 승률)'이 높다고 반드시 '수주'를 하는 것은 아니라고 한 바 있다. 적어도 경쟁사보다 높은 수준은 '이해관계자'를 대변한 담당자가 그만큼 상황을 긍정적으로 판단함을 의미할 뿐이다. 최종 안을 제시해놓고 '이해관계자'와 계속 소통하면서 유리한 결과가 나오도록 노력해야 함은 당연하다. 다음 [그림 I-7]은 최종 대면으로부터 얻은 '수주 확률(또는 승률)'의 장표 정리이다.

[그림 I-7] 'Step-9. Face to Face 반복' 작성 예(6차 대면 수주 확률 산정)

Step -9. Face to Face 반복　　　　　　　　　　D　M　A　**Improve**　C

| Improve Step-9 | '목표 기업'의 6차 방문 후, '이해 관계자'의 수용 도를 측정하기 위해 '수주 확률(또는 승률)'을 측정한다. |

[이해 관계자 6차 평가]

당사 이해 관계자	구매 결정력			제품 선호도			우호도		
	팀장	영업 담당	품질 담당	팀장	영업 담당	품질 담당	팀장	영업 담당	품질 담당
구매 임원	4	4	4	4	4	4	3	4	4
구매 담당자	3	4	4	4	4	5	5	4	5
개발 담당자	4	5	4	5	4	5	4	4	5
평가 담당자	2	3	2	4	5	5	5	5	4

['현재 수주 확률(또는 승률)' 산정]

이해 관계자	구매 결정력	제품 선호도	우호도	개별평가	산식
구매 임원	4	4	4	32	=4 x (4 + 4)
구매 담당자	4	4	5	36	=4 x (4 + 5)
개발 담당자	4	5	4	36	=4 x (5 + 4)
평가 담당자	2	5	5	20	=2 x (5 + 5)
총합(Σ)				124	=(32+36+36+20)
수주 확률(또는 승률)				62%	=124/(4 ÷ 2)%

✓6차 대면을 통해 '수주 확률'은 최초 '11% → 62%'로 향상됨. 목표 = 54%, 현 경쟁사 = 59%

최종 제안한 내용과 상황 마무리에 대한 요약은 다음 [그림 Ⅰ-8]에 나타내었다.

[그림 Ⅰ-8] 'Step-9. Face to Face 반복' 작성 예(최종 요약)

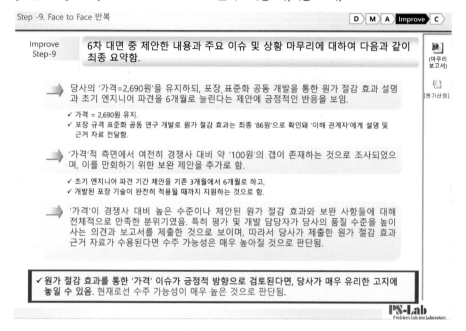

'목표 기업'으로부터 최종 결론이 나올 때까지 손 놓고 기다리는 영업 담당자는 없을 것이다. 따라서 급작스러운 변동에 대비하기 위해서라도 '이해관계자'와 잦은 접촉을 유지하도록 한다.

Step-10. 수주 여부 확정

　　　　　　　　　　　이 활동은 Improve Phase의 종착역이다. 통상 '프로세스 개선 방법론'의 Improve Phase 마무리는 'Step-12. 결과 검증'이다. 즉, Analyze Phase의 산출물인 '개선 방향'을 넘겨받아 그들에 대한 구체화 방안을 마련한 뒤, 가장 좋은 안인 '최적 대안'을 선정하여 '최적화'를 이룬다. '최적화'는 현재의 프로세스에 '최적 대안'을 적용한 상태이다. 모든 문제는 '5M-1I-1E' 중 한 개 이상이 변하면(변경점) 발생하는데, '최적화(또는 개선)'란 '변경점'을 의도적으로 만들어낸 상황이므로 좋아질 것이란 기대뿐만 아니라 악영향을 줄 수 있는 소지도 늘 함께한다. 따라서 이런 염려를 불식시키고 앞으로 실제 프로세스에 적용하더라도 여전히 개선 효과가 유지될 것이란 확신이 필요한데 이 모든 활동이 'Step-12. 결과 검증'에서 이루어진다.

　그러나 수주 과제 경우 개선(또는 의도적으로 만들어낸 변경점)이 앞으로 프로세스에 잘 적용될 것인지 굳이 '검증'할 필요는 없다. 왜냐하면 '목표 기업'으로부터 '수주'를 따내기 위해 대면(Face to Face) 과정 중 만들어낸 변경점[14]들은 '수주를 했는지 또는 못했는지'로만 귀결되기 때문이다. 둘 중 하나만의 결론은 곧 '결과'에 대한 '검증'이 확실히 이루어진 것이나 다름없다. 따라서 일반적인 '프로세스 개선 방법론'과 비교할 때 수주 과제 경우 '개선(Improve)과 관리(Control)'는 한마디로 'Simple'로 대변된다.

　본 Step이 'Step-12. 결과 검증'을 대변하는 특징 외에, 또 하나가 더 있다. 바로 특별히 수행할 활동이 없다는 것이다. "엥! 이건 또 무슨 말인가?" 하고 의아해할 수 있으나, '수주 여부 확정'은 앞서 진행된 'Step-9. Face to Face 반복'의 종단에서 이루어지는 만큼 이미 결정된 사항들에 대한 요약의 성격이

---

14) 수주 과제에서의 '변경점'은 대면 과정 중 "수주를 따기 위해 행해진 모든 전략적 대응 방안"들을 총칭한다.

짙다. 즉, "수주가 된" 경우 '상대방과 어떤 내용을 어떻게 하기로 했는지' 본 Step에서 정리한다. 반대로 만일 "수주가 되지 않은" 경우 과제는 바로 종료된다. 따라서 특별한 활동이 있기보다 최종 결정된 내용과 그에 따른 후속 조치가 잘 전달되도록 작성하는 일이 제일 중요하다. 다음 [그림 I-9]는 '수주 확정'에 대한 파워포인트 작성 예이다.

[그림 I-9] 'Step-10. 수주 여부 확정' 작성 예

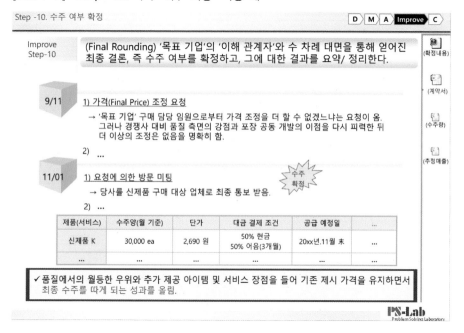

[그림 I-9]의 "(Final Rounding)"의 표현에서 수주를 위한 대면 활동이 막바지에 이르렀음을 알 수 있다. '9/11'에 '목표 기업'의 담당자로부터 '가격 조정' 요청이 왔으나 정황상 당사가 납품 업체로 결정됐음을 알리는 '통보'로 확

신해 "더 이상 조정 없음"으로 강하게 대응했음을, 이어 '11/01'에 최종적으로 "수주가 확정됐음"을 알리고 있다. 수주가 확정됐든 그렇지 않든 일단 '수주 여부'가 결정되면 이로써 '수주 활동'은 종료된다.

Control: 후속 조치하기

'Control'은 '개선 내용(최적화)'이 실제 프로세스에서도 장기간 무리
없이 운영될 수 있음을 확인시켜 주는 활동이다. 수주 과제 경우 확정
된 물량(또는 서비스)이 계약대로 잘 이행되도록 공급 계획 수립과 연
계 부서에 이관하는 절차가 핵심이다.

Control Phase 개요

 Analyze Phase '개요'에서의 질문을 다시 한번 상기해보자. 즉, 리더나 예비 리더들에게 "로드맵 중 가장 중요한 활동은 어디일 것 같습니까?" 하고 물으면 모두 다 "Improve요" 하고 답변한다. 과연 그럴까? 이 부분에 대해선 '수행 관점'과 '성과 관점'으로 나누어 평가하는 게 바람직하다. 물론 '수행'이 좋으면 '성과'도 일반적으로 좋은 경향을 보인다. 따라서 둘을 따로 분리할 필요가 없을 수도 있다. 그러나 문제 해결 과정에선 수행은 좋으나 성과가 미미하다거나 또는 그 반대의 경우, 둘 다 안 좋은 경우, 둘 다 좋은 경우, 약간씩 좋거나 나쁜 경우 등 다양한 경우의 수가 존재하므로 둘을 나누어 평가하는 게 매우 의미 있다.

 우선 '수행 관점'에선 'Analyze Phase'가 가장 중요하다. 왜냐하면 Analyze Phase의 산출물이 '개선 방향'이라 하였고 그를 통해 'Improve Phase'가 진행되는 만큼, 'Improve Phase'는 'Analyze Phase'에 철저히 종속 관계로만 존재하기 때문이다. 즉, Analyze Phase의 분석 심도가 낮아 '근본 문제(Root Cause)'를 찾지 못하면 수박 겉핥기식 '개선 방향'이 나와 Improve Phase는 두루뭉술해질 수밖에 없다. 또 이 경우 'Control Phase'는 적용된 '최적화 내용'을 기반으로 실제 프로세스에서의 장기적 경향을 평가한다. 결국 Improve Phase가 미완성이면 Control Phase 역시 미완의 결말을 피하기 어렵다. 이와 같이 '수행 관점'은 'Analyze → Improve → Control'의 로드맵(흐름)을 제대로 따랐는지에 초점을 둔다.

 반면에 '성과 관점'에선 'Control Phase'가 가장 중요하다. 과제 수행 목적은 '성과'를 내는 데 있다. '성과'가 제대로 났는지 여부를 과제 수행 기간 내 확인할 유일한 방법은 실제 프로세스에서 일정 기간(통상 3~4주) 동안 '최적화 내용'을 운영해보고 그 결과에 대해 확신을 갖는 일이다. 실제 프로세스에서 좋은 결과가 확인됐다는 것은 장기적으로도 그럴 가능성이 높다는 데 베팅할 수 있기 때문이다. 따라서 '성과'를 확신하기 위한 가장 좋은 접근은 'Control Phase'를 제대로 수행하는 일이며, 좀 극단적으로 표현하면 'D-M-A-I'는 하지 않더라도 'Control Phase'는 반드시 수행해야 한다. 장기적 완성도를 최소 3주만큼도 보지 않고 어떻게 결과가 좋을 것이라 장담할 수 있겠는가 말이다!

그럼 '수행 관점의 Analyze Phase'와 '성과 관점의 Control Phase' 둘을 놓고 비교하면 어느 관점이 더 중요할까? 당연히 후자다. 모든 과제에서의 '최적화'는 '변경점'을 만드는 것이고 이 '변경점'이 문제를 야기하지 않고 큰 성과로 이어짐을 증명하려면 실제 프로세스에서의 검증이 최우선시 돼야 하기 때문이다. 이런 점을 염두에 두면 가장 좋은 과제는 '수행 관점의 Analyze Phase가 제대로 되었으면서, 그를 기반으로 한 Control Phase 중 실제 프로세스에서의 검증도 잘된 경우'로 요약된다.

그럼 수주 과제에서도 동일하게 생각할 수 있을까? 정답은 "No"이다. 수주 과제는 말 그대로 '수주 여부'에 초점이 맞춰진 과제이므로 "수주를 했는지 아니면 하지 못했는지"가 중요하며, 'Improve Phase'에서 '수주 여부'가 결정되면 이미 과제는 종료된 것이다. 일단 양자 간 계약에 따른 이행이 우선이고, 이를 위해 관련된 부서의 역할 분담만 명확히 한다면 이후는 정해진 대로 가면 될 일이다. 자동차 부품 제조업체 경우 수주한 부품이 대체로 3~5년 뒤 양산될 차량에 들어간다. 따라서 수주 이후의 대응은 자동차 생산까지 설계 변경을 어느 수준까지 서로 허용할 것인지 등의 계약 범위를 정하는 일이 매우 중요할 수 있다(Improve에서 정해졌다고 가정). 따라서 **수주 과제에서의 'Control Phase'는 '수주 계약 사항의 정확한 유지'가 핵심**이다. [그림 C-1]은 Improve Phase의 개요도에 Control Phase 활동을 연결한 설명도이다.

'계약 사항'을 잘 유지하기 위해 Control Phase에서 수행할 사항은 당연히 '계약 내용'에 따라 결정될 일이므로 하나하나 열거할 필요는 없다. 그러나 본 과정이 '과제 수행'이란 점을 고려하면 크게 두 가지로 핵심 활동을 요약할

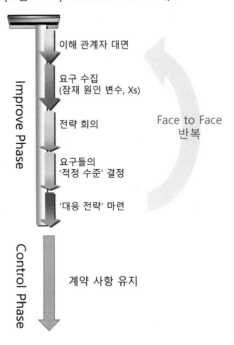

[그림 C - 1] 'Control Phase' 개요

이해 관계자 대면

요구 수집
(잠재 원인 변수, Xs)

전략 회의

요구들의
'적정 수준' 결정

'대응 전략' 마련

Face to Face
반복

Improve Phase

Control Phase

계약 사항 유지

수 있다. 하나는 과제 수행 전의 목표와 실적 간 갭을 얼마나 줄였는지에 대
한 기술과 그로부터 얻게 될 성과를 논하는 일이며, 이것은 'Step - 11. 공급
계획 수립'에서 정리된다. 공급 계획을 수립하면 제품(또는 서비스) 판매량이
나 매출, 영업 이익 등도 동시에 산출돼야 하므로 자연스럽게 과제 성과로 연
결시킬 수 있다. 따라서 '공급 계획 수립' 이후에 내용 파악이 필요한 '과제
성과'도 이 Step에서 기술한다. 이어 'Step - 12. 이관 및 수주 내용 보고'에서
수주를 이행할 관련 부서와 협의 절차를 거쳐 필요 내용을 이관하고, 보고 대
상과 보고 일정 등을 계획, 수행한 뒤 '사내 과제 관리 시스템(PMS, Project
Management System)' 등에 등록함으로써 과제를 종료한다.

Step-11. 공급 계획 수립

　　　　　'공급 계획'은 수주가 확정된 후 당사자 간 계약서에 따라 정해지는 만큼 '수주 계약서'가 '프로세스 개선 방법론' 체계에서의 '관리 계획(Control Plan)'에 준한 역할을 한다. 매월 판매할 양(서비스)이 정해지면 각 공장별(또는 부문별) 생산 계획(또는 서비스 계획)을 마련해야 하며, 다시 이 계획량은 분기별로 종합해 계획 대비 실적을 효율적으로 관리할 수 있도록 준비한다. 물론 분기별 실적을 합하면 연간 실적이 되므로 이 값들을 바탕으로 '영업 이익' 산출을 통해 과제 성과도 예측할 수 있다. 다음 [그림 C-2]는 '공급 계획'의 한 예이다(라고 가정한다).

[그림 C-2] '공급 계획' 예

제품 공급 계획

20xx년 12월 28일 작성

공장명	품 명	제품코드	규 격	전 기 이 월			판 매 계 획												합 계		
							1/4 분기			2/4 분기			3/4 분기			4/4 분기					
				수량	단가	금액	수량	단가	금액(천)	수량	단가	금액	수량	단가	금액	수량	단가	금액	수량	단가	금액
A 공장	K-102	A20xxB7	45x26				51,000	2,690	137,190	64,000	2,690	172,160	29,000	2,690	78,010	67,000	2,690	180,230	211,000	2,690	567,590
B 공장	K-103	A20yyH8	45x26				0	2,690		28,000	2,690	75,320	39,000	2,690	104,910	0	2,690	0	67,000	2,690	180,230
C 공장	K-104	A20zzU9	45x26				47,000	2,690	126,430	3,000	2,690	8,070	16,000	2,690	43,040	4,000	2,690	10,760	70,000	2,690	188,300

공장명	품 명	제품코드	규 격	1월	2월	3월	4월	5월	6월	7월	8월	9월	10월	11월	12월		
A 공장	K-102	A20xxB7	45x26														
B 공장	K-103	A20yyH8	45x26														
C 공장	K-104	A20zzU9	45x26														
A 공장	K-102	A20xxB7	45x26	10000	28,000	13,000	31,000	33,000	0	0	0	29,000	30,000	30,000	7,000		
B 공장	K-103	A20yyH8	45x26	0	0	0	0	0	28,000	16,000	3,000	20,000	0	0	0		
C 공장	K-104	A20zzU9	45x26	25000	3,000	19,000	0	0	3,000	16,000	0	0	3,000	1,000	0		
													합계		348,000	2,690	936,120

　　　　[그림 C-2]를 보면 계약서의 '월 공급량'에 따라 각 공장별(A, B, C) 월 생산 계획량이 도표와 수치로 요약돼 있고, 또 그들의 합이 분기로, 분기 합은 다시 전체 연간 계획으로 정리돼 있다. 맨 아래 '합계'를 보면 연간 판매량 및 판매액이 요약돼 있으므로 기타 과제 성과의 산출도 가능하다. 또 이를 바탕

으로 각 공장별 월, 분기, 연간 생산 계획을 수립하는 데 활용할 수 있으므로 본 과제로 생겨난 수주 물량에 대해 종합적인 계획 수립도 가능하다. 다음은 파워포인트 작성 예이다.

[그림 C-3] 'Step-11. 공급 계획 수립' 작성 예

Step-11. 공급 계획 수립   D M A I Control

Control Step-11

수주가 확정되면 전체 계약 기간 내 공급 물량에 대한 월별 공급 계획을 수립하고, 다시 공장별(공장 여럿 경우) 또는 부문별로 구분해서 생산 계획 수립의 기본 틀을 마련한다. 이후 영업 이익 등 과제 성과를 정리한다.

(물량공급 회의록) (공장별 공급계획) (물량 산출내역)

제품 공급 계획 수립   제품공급계획   담당 / 부장 / 임원

20oo년 12월 28일 작성

공장명	품명	제품코드	규격	전기이월 수량	단가	금액	1/4 분기 수량	단가	금액(천)	2/4 분기 수량	단가	금액	3/4 분기 수량	단가	금액	4/4 분기 수량	단가	금액	합계 수량	단가	금액
A 공장	K-102	A20xx87	45x26				51,000	2,690	137,190	64,000	2,690	172,160	29,000	2,690	78,010	67,000	2,690	180,230	211,000	2,690	567,590
B 공장	K-103	A20yyH8	45x26				0	2,690		28,000	2,690	75,320	39,000	2,690	104,910	0	2,690		67,000	2,690	180,230
C 공장	K-104	A20zzU9	45x26				47,000	2,690	126,430	3,000	2,690	8,070	16,000	2,690	43,040	4,000	2,690	10,760	70,000	2,690	188,300

공장명	품명	제품코드	규격	1월	2월	3월	4월	5월	6월	7월	8월	9월	10월	11월	12월
A 공장	K-102	A20xx87	45x26												
B 공장	K-103	A20yyH8	45x26												
C 공장	K-104	A20zzU9	45x26												
A 공장	K-102	A20xx87	45x26	10000	28,000	13,000	31,000	33,000	0	0	0	29,000	30,000	30,000	7,000
B 공장	K-103	A20yyH8	45x26					28,000	16,000	3,000	20,000				0
C 공장	K-104	A20zzU9	45x26	25000	3,000	19,000	0	0	3,000	16,000	0	3,000	1,000	0	0

합계 348,000   2,690   936,120

✓ 수주된 품목(서비스)에 대한 전체 계약 기간 공급 물량을 공장(A, B, C)별 월, 분기, 연간으로 구분함. 공장별 A공장=211천 개, B공장=67천 개, C공장=70천 개이며, 총 공급량=348천 개, 총 매출=936,120천 원으로 정리됨.
✓ 물량은 목표 기업(고객사)과 최종 합의된 사항임(회의록 참조).

PS-Lab Problem Solving Laboratory

'개체 삽입'엔 본 물량을 결정하기 위해 협의된 '물량 공급 회의록', '공장별(또는 부문별) 공급 계획', '물량 산출 내역' 등이 포함돼 있다(고 가정한다). 이어서 '총 공급량'과 '총 매출' 등의 자료를 근거로 수주 과제의 '예상 성과'를 정리한다. 주로 예상되는 '영업 이익'이 주요 지표가 될 것이다. 다음 [표 C-1]은 본 수주를 통해 얻어질 성과(영업 이익) 및 그 이력을 요약한 예이다.

[표 C-1] 예상 성과 산정 예

항목		금 액	비 고
투입량		378,261개	
투입 재료비	단가	1,345원	
	금액	508,761천 원	=투입량×투입 재료비 단가
투입 인건비	인원	15명	
	인당	3,300천 원	
	금액	49,500천 원	=인원×인당
투입 변동경비	단가	590원	
	금액	223,174천 원	=투입량×투입 변동경비 단가
투입 고정경비		7,100천 원	
총 투입원가		788,535천 원	=투입재료비+투입인건비+투입 변동경비+투입 고정경비
수율		0.92	
최종 양품(판매 수)		348,000개	=투입량×수율
판가		2,690원	
매출액		936,120천 원	=최종 양품(판매 수)×판가
변동비		731,935천 원	=투입 재료비+투입 변동경비
(변동비 단가)		2,103원	=변동비/최종 양품(판매 수)
한계이익		204,185천 원	=매출액−변동비
(한계이익 %)		21.8%	=(매출액/한계이익)×100
고정비		56,000천 원	=투입 인건비+투입 고정경비
(고정비 단가)		163	=고정비/최종 양품(판매 수)
매출원가		788,535천 원	=변동비+고정비
(매출 단가)		2,266원	=변동비 단가+고정비 단가
이익		147, 585천 원	=한계이익−고정비
이익 %		15.8%	=(이익/매출액)×100

신제품의 프리미엄을 고려하더라도 매출액 대비 '영업 이익률=15.8%'는 업계 평균(8%)보다 높은 수준이며, 본 수주를 통해 약 1억 5천만 원의 '영업 이익'이 예상된다(고 가정한다).

만일 양산 전 변동비를 줄이기 위한 과제가 병행된다면 '영업 이익'의 추가 상승이 예상된다. 즉, 기존 설비의 변경을 최소화하는 방안을 모색하거나 재료의 국산화, 대체재 조사, 물류의 공유 등 단순히 영업만의 과제가 아닌 실질적 이익의 극대를 꾀할 전체 최적화를 사전에 기획한다면, 아마 사업부 과제의 태두리 내에서 본 수주 과제가 이행될 수 있다. 또 신제품이 아닌 기존 제품이라 할지라도 공급 물량 증대에 따른 프로세스 효율화를 위해 다양한 '프로세스 개선 과제'를 병행한다면 수주를 해놓고 예상치 못한 문제로 '영업 이익'이 깎이거나 문제 발생으로 골머리 썩는 일은 최소화될 수 있다. 과거 모 기업에서 해외 시장 M/S 확대를 위해 영업 담당자들이 모두 북미, 남미, 유럽, 중동 등 기존 거래가 거의 없는 지역으로 출장을 가 물량을 조금이라도 확보하는 전략을 구사한 적이 있었다. 결과는 목표 판매량은 달성했으나 생산에서 그 다양한 모델들의 사양을 만족시키기 위해 설비 설정의 잦은 변경과 약간씩 다른 재료 투입의 문제 등으로 한동안 부서 간 갈등을 겪은 일이 있었다. 각 영업 담당자들은 자신이 수주한 물량이 정해진 시점에 수출되도록 압력을 넣어야 할 입장인 반면, 생산에선 한 번의 설정 값 변경이 예정대로 궤도에 오르지 않고 계속되는 문제들로 지체되면서 예정된 생산 계획이 틀어지곤 하였다. 어떻게 됐을까? 일부는 제때 수출을 할 수 있었던 반면 일부는 생산 비용의 증가로 오히려 적자의 아이템도 생겨났고, 더 큰 문제는 이 일로 영업과 생산 간 갈등의 골이 깊어져 회복하는 데 많은 시일이 걸렸다. 따라서 수주 과제는 항상 회사의 생산 용량(Capa), 프로세스 수준 등을 함께 고려하면서 이행되는 게 바람직하고, 이런 점으로 볼 때 '영업 수주 과제'는 사업부 과제의 '하위 과제(Sub Project)' 중 하나로 포함되는 것이 바람직하다. 즉, 수주만을 위한 독립된 과제가 아니라 '영업 이익'을 극대화시키기 위한 사업부 과제들 중 하나로 수행하는 것이 매우 큰 의미가 있다. 다음은 [표 C-1]을 장표로 정리한 예이다.

[그림 C-4] 'Step-11. 공급 계획 수립' 작성 예(성과 평가-영업 이익)

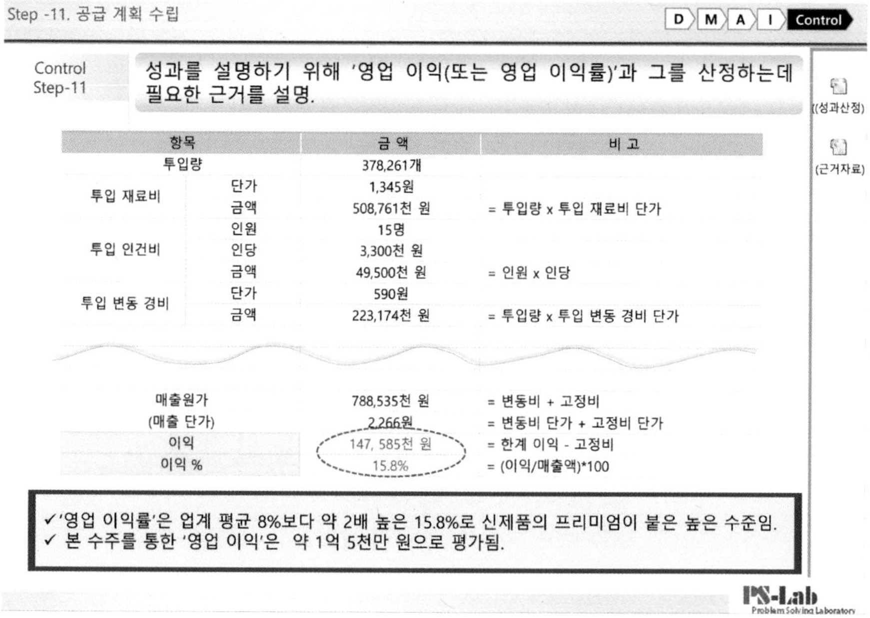

Step -11. 공급 계획 수립   D　M　A　I　Control

Control Step-11	성과를 설명하기 위해 '영업 이익(또는 영업 이익률)'과 그를 산정하는데 필요한 근거를 설명.

(성과산정)

(근거자료)

항목		금액	비고
투입량		378,261개	
투입 재료비	단가	1,345원	
	금액	508,761천 원	= 투입량 x 투입 재료비 단가
투입 인건비	인원	15명	
	인당	3,300천 원	
	금액	49,500천 원	= 인원 x 인당
투입 변동 경비	단가	590원	
	금액	223,174천 원	= 투입량 x 투입 변동 경비 단가

매출원가	788,535천 원	= 변동비 + 고정비
(매출 단가)	2,266원	= 변동비 단가 + 고정비 단가
이익	147,585천 원	= 한계 이익 - 고정비
이익 %	15.8%	= (이익/매출액)*100

✓ '영업 이익률'은 업계 평균 8%보다 약 2배 높은 15.8%로 신제품의 프리미엄이 붙은 높은 수준임.
✓ 본 수주를 통한 '영업 이익'은 약 1억 5천만 원으로 평가됨.

PS-Lab
Problem Solving Laboratory

수주 과제에서의 '이관 절차'는 '프로세스 개선 과제'에서의 그것보다 단순하다. '프로세스 개선 방법론'을 적용했던 과제에서 '개선'의 의미란 현재 프로세스에 새로운 '변경점'이 발생하는 것이므로 누구나 그 내용을 알아야 하고, 또 지속적으로 유지시키기 위한 방안도 마련돼야 한다. 이와 같은 역할은 주로 '관리 계획(Control Plan)'이란 공식화된 문서를 통해 이루어진다. 또 개선된 내용을 실제 프로세스에서 일정 규모로 '실행(Do)'하면서 미리 작성된 '관리 계획'에 따라 점검할 항목들을 관찰한다. 관찰된 결과는 '분석(Check)'을 수행하고, 미진한 부분에 대해선 '보완(Act)'하게 되며 필요하다면 이 과정을 반복하는데, 이 활동들을 연결하면 잘 아는 'Plan - Do - Check - Act', 즉 'PDCA Cycle'이 된다.

그러나 수주 과제 경우 영업팀에서 수주한 결과는 정해진 프로세스대로 생산 계획에 반영된다. 수주 여부는 애초 '사업 계획'이나 연초 '혁신 목표' 달성을 위해 기획된 만큼 '생산 계획'과 '관련 부문의 활동'들 역시 예정 판매량(또는 서비스)에 맞춰 기획된다. 필자가 회사에 있던 90년대 초만 해도 해외 바이어들로부터 수주 즉시 공급 가능 물량과 가능 시점, 판매가 등이 실시간(?)으로 생산 계획과 연동돼 파악되는 시스템을 그룹 방송에서 대대적으로 홍보한 적이 있었다(앞으로 그리 될 것이라는). 물론 시스템이 완전하게 구축되기 전까진 영업 담당자들과 생산 계획 간 이견이 돌출할 순 있지만 여하간 중요한 것은 수주를 못해서 늘 문제였지, 수주를 했음에도 "생산에서 감당 못하는데 왜 수주했나?" 하고 탓하는 일은 매우 드문 일이었다. 물론 전혀 없다고는 못한다. 예를 들어, 철강 제품 등은 가격이 경기에 민감하게 등락하는데, 가격이 오를 시점엔 판매하지 않고 일정 기간 재고로 가져가려는 기업의 입장과 조금이라도 확보하려는 구매 업체 간 신경전이 벌어지곤 한다. 이때는 친밀도가 높은 고객이 요구하는 대로 판매하는 일이 쉽지만은 않다. 물론 이런 경우 수주를 확대하기 위한 과제 수행은 자제하는 편이 현실적이다.

자동차 부품 업체의 경우, 수주 결과를 생산에 이관하는 시스템이 잘 정비돼 있으나 특수성도 있는데, 통상 올해 수주한 자동차 부품(수주 프로젝트를 '프로그램'이라고 한다)을 3년 뒤 생산이 예정된 자동차에 반영하므로 미리 생산할 수도 없을뿐더러 3년 동안 설계 변경도 다양하게 발생한다. 이에 수주 결과를 유지 관리할 별도의 조직이 필요하거나 신규로 조직할 필요성도 생긴다. 이런 구조라면 수주 결과를 해당 조직에 넘기기만 하면 되므로 이관 절차가 좀 더 간소화될 수 있다.

정보화 인프라가 잘된 기업이면 수주 결과를 등록하는 것만으로도 '이관'이 완료될 수 있지만 통상적으로 이관될 부서를 명기하고 그들의 역할이 무엇인지 규정하는 정도의 문서 작업은 필요하다. 다음 [그림 C-5]는 그 예이다.

[그림 C-5] 이관 부서 및 이관 내용 예

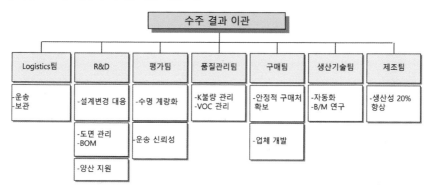

[그림 C-5]는 주요 이관 부서 및 역할을 간단히 시각화한 것으로, 상세 사항은 별도의 파일로 문서화한 후 '개체 삽입'하는 것으로 설정하였다. 다음

[그림 C-6]은 이관에 대한 파워포인트 작성 예이다.

[그림 C-6] 'Step-12. 이관 및 수주 내용 보고' 작성 예(이관)

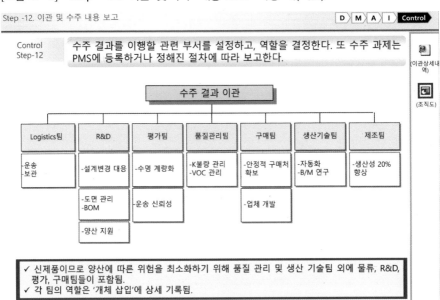

이제 과제에 대한 마무리와 함께 과제 수행의 완결을 사업부장께 '승인'받는 일만 남았다. 이 부분은 「Be the Solver_프로세스 개선 방법론」편에서도 언급했듯이 '과제 관리 시스템(PMS, Project Management System)'에 등록하는 것만으로도 '승인', '공유', '문서화' 작업 모두가 해결되는 만큼, 'Control Phase' 등록 화면을 캡처해서 파워포인트에 붙여놓는 간결한 방법을 제안한다. 'PMS' 내에선 사업부장이 '승인'하도록 돼 있으며, IT 인프라 특성상 관심 있는 직원들의 접근성이 뛰어나 자연스럽게 '공유'가 이루어지고, 또 진행된 파일들이

첨부되므로 '문서화'까지 한 번의 작업으로 완료된다. 그 외에 과제 성격에 따라 'Lesson Learned'나 '차기 수행 과제' 등을 포함시킬 수 있으나 본문에서의 설명은 생략한다.

만일 'PMS'가 없으면 사내의 정해진 절차에 따른다. 일반적으로 'PMS' 유무에 관계없이 사업부장께 발표를 통해 보고하는 절차가 공식화돼 있으므로 이 시점을 '승인'으로 볼 수도 있다.

수주 과제의 특성에 대해 초기부터 계속 강조해왔지만 '과제'로 수행되는 수주 활동은 일반 업무로 성과를 달성할 수 있거나 기존의 거래 관계를 통해 추가 물량을 확보하는 일 등은 '과제'긴 '과제'이나 특히 '즉 실천' 등의 방법론을 사용할 것을 권장한 바 있다. 따라서 지금까지 설명된 내용은 누구나 쉽게 성과를 이룬 결과라기보다 중간중간 어떤 난관이 있었고, 그 난관을 어떻게 극복해냈는지 관심 있는 직원들이 보고 배울 점들이 녹아나 있어야 한다. 그렇지 않으면 '즉 실천 방법론'이나 '빠른 해결 방법론' 같은 단순한 접근법으로 수행해야 옳다. 물론 진행하다 보면 일이 쉽게 풀려 예상을 뒤엎고 큰 어려움 없이 수주에 골인할 수도 있겠으나 이 역시 과제 시작 전 사업부장을 필두로 모든 직원들이 쉬우리란 기대감을 갖지 않았을 때만 의미가 있다. 4~6개월간 수행된 결과가 'PMS'에 등록되고, 이후 후배들이 이 과제를 검색했을 때 "뭐, 이런 내용을 5개월간 과제로 수행했지?"란 의문이 생긴다면 서버 용량만 차지하는 무용지물이 될 수밖에 없다. 이런 점들은 과제 선정이나 수행, 평가 과정이 과연 "진정성이 있었는가?"에 초점을 둬야 한다고 피력한 바 있다. 다음 [그림 C-7]은 'PMS' 등록 화면을 캡처해서 과제 종료를 간단하게 공식화한 예이다.

[그림 C-7] 'Step-12. 이관 및 수주 내용 보고' 작성 예(승인/공유/문서화)

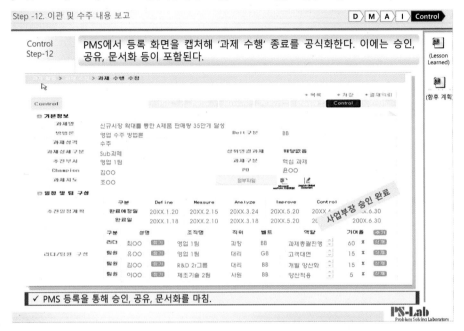

과제를 수행하면서 배웠던 내용은 'Lesson Learned'로 정리된 파일로, 향후 이행할 추가적인 내용은 '향후 계획'이란 파일로 작성하여 '개체 삽입'으로 처리하였다(고 가정한다). 중요 사항이라면 별개의 장표로 작성할 수 있으나 본문에선 이 정도 선에서 정리하겠다.

물론 제품의 유형이나 기업의 영업적 특성, 고객의 유형이나 성향에 따른 다양성이 존재한다. 그러나 지금까지 설명한 '영업 수주 방법론' 전개는 일반적 업무를 가정해서 전개한 것이고, 따라서 기업별, 영업별, 고객별 특성에 따른 다양성의 고려는 그 분야에 속한 리더들의 역할로 남겨둔다.

맺음말

지금까지 영업 분야에서 유용한 '일하는 방법', 즉 '로드맵'을 설명하였다. 영업 담당자들의 바쁜 대외 활동 특성상 읽기 쉽도록 가능한 한 책의 분량을 최소화하는 데 역점을 두었다. 또 리더가 사업부장께 보고 드리는 과정에서 혹 사업부장이 내용 흐름에 낯선 나머지 면박을 주지 않을까 하는 우려에 서두에서 사업부장(또는 담당 임원)께 로드맵 등을 소개하고 미리 이해를 구하는 방안도 제안한 바 있다. '영업 수주 방법론'의 특징을 강조하기 위해 초두에 설명한 대표적 장점을 아래에 다시 정리하였다. 매우 중요하므로 정독할 것을 권장한다.

첫째, '영업 수주 방법론'을 통해 '수주 활동'과 '수주 결과' 간 '인과관계'를 규명할 수 있다. 물론 기존에도 '목표 기업'에 대해 원하는 만큼의 수주 성과를 올려 담당자가 좋은 평가를 받는 사례는 늘 있어 왔다. 결과에 대한 '원인'을 충분히 공감하고 있기 때문에 가능한 일이다. 그러나 현실에선 수주를 했는지 못했는지 그 '결과'에 무게를 두는 경우가 일반적이며, 과정은 한마디로 "수단과 방법을 가리지 말고"로 대변되기 일쑤다. 만일 수행 과정이 독특하고 기발하다면 한두 번 회자될 수는 있겠지만 "가리지 말고"가 설명하듯 일구어낸 '성과'가 '과정'보다 더 추대 받는 현실은 부인하기 어렵다. '영업 수주 방법론'의 로드맵을 따르다 보면 노력의 대가인 '수주했음'뿐만 아니라 왜 그런 결과가 나왔는지에 대한 '원인'도 명료해지므로 성과에 대한 공감대가 크게 형성될 수 있다. 이것이 '영업 수주 방법론'을 통해 영업 활동에서 그동안 잘 드러나지 않았던 '인과관계가 명료화되는 기대 효과'이다.

둘째, '영업 수주 방법론'을 통해 '노하우(Knowhow)의 전수'를 이룰 수 있다. 영업의 선배 사원들은 고객과 대면을 위해 필요한 자질은 종종 경험에서 우러나온다고 가르친다. 또 컨설팅 분야에선 고객을 다루는 스킬이나 화술, 대면 에티켓 등을 강조하기도 한다. 이런 구도라면 신입 사원 입장에선 특정 분야에 속했을 때, 다년간의 경험을 체득할 때까지 노력하거나 많이 보는 수밖에 달리 방도가 없고, 스킬이나 화술, 에티켓 등이라면 다양한 관련 교육을 학습하는 길밖에 대안이 별로 없다. 그러나 만일 신입 사원이 속할 팀과 분야에서 과거 선배 사원들이 행한 수주 과제를 접할 수 있다면, 즉 고객이 누구고, 어떤 새로운 시장이 있었으며, 또 그런 시장에 어떻게 진입했고, 그 과정에 무슨 고민을 했으며, 결과가 나오기까지 어떤 전략들을 구사했는지를 안다면 짧은 시간에 자기 것으로 만들 기회가 그만큼 커질 수 있다. 물론 한 번에 그 모두로부터 자신을 업그레이드시킬 수는 없겠지만 없는 것과 견준다면 천지차이가 될 수 있다. 또 과거부터 지속적으로 해오던 분야고 제품군도 일정하다면 영업 활동 역시 크게 바뀌지 않을 것이기 때문에 몇 개의 수주 과제만으로도 업무 파악은 물론 본인의 'Sill-up'도 가속화시킬 수 있다. 흔히 'Baseline'이란 용어를 쓴다. '현 수준'으로도 해석하는데, 이와 같은 과거 경험 많은 선배 사원들이 구사한 수주 과제들은 신입 사원 입장에선 바로 그 상태가 'Baseline'이 되며, 이후부터는 그를 밟고 올라설 수 있는 기반으로 작용할 수 있다. 이것은 특정 영업 분야에서 '보다 나음'이란 모습으로 발전될 것이다.

셋째, '영업 수주 방법론'을 통해 '정보의 축적'을 실현할 수 있다. 수주 활동은 비단 특정 부문에 한정된 것은 아니다. 다양한 분야, 엄청난 종류의 제품군과 서비스만큼이나 그들의 판매나 매출을 올리기 위한 접근법 또는 아이디어도 끝이 없다. 같은 기업 내에서라도 제품별로 수주 활동에 차이가 있으며, 동일 제품이라도 고객 성향별로 대응과 관계에 차이가 있다. 따라서 이런 차이들이 하나하나 원인과 결과 관계로 묶여 사내 데이터베이스로 관리된다면 새로운 시장에 진입하거나 차별화된 전략을 구사할 때 매우 중요한 자료로 활용될 수 있다. 만일 같은 기업 안에서 수주 과제들이 모두 동일한 형태의 데

이터베이스로 관리되고 있고, 모든 영업 직원들의 접근성도 높은 수준이면 축적된 '무형 자산 가치'는 '금전적 가치' 이상의 의미를 갖는다. 수년 전 모 기업에서 기획 부사장님의 수명 과제 중 하나가 바로 '무형 자산 가치의 산정'이었는데 당시 매각의 입장에 있던 회사는 눈으로 보이는 '유형 자산'뿐만 아니라 '무형 자산'의 가치도 매우 중요시했다. 이유는 회사의 몸값을 올리는 데 큰 역할을 하리란 기대 때문이었다. 수주 과제에서의 '영업 수주 방법론'을 통한 이력의 축적은 '노하우 전수'라는 앞서 설명된 장점 외에 그 자체만으로도 재무적 가치 이상의 매우 큰 '무형 자산'임을 인식해야 한다. 따라서 현업에서 일어난 실질적 성과가 우연히 일어난 것이 아님을 명심해야 할 것이다.

색인

송인식

(현)PS-Lab 컨설팅 대표

한양대학교 물리학과 졸업
삼성 SDI 디스플레이연구소 선임연구원
한국 능률협회 컨설팅 6시그마 전문위원
네모 시그마 그룹 수석 컨설턴트
삼정 KPMG 전략컨설팅 그룹 상무

인터넷 강의: http://www.youtube.com/c/송인식PSLab
이메일: labper1@ps-lab.co.kr

※ 도서 내 데이터 및 템플릿은 PS-Lab(www.ps-lab.co.kr)에서 무료로 받아보실 수 있습니다.

Be the Solver
영업 수주 방법론

초판인쇄   2018년 1월 3일
초판발행   2018년 1월 3일

지은이   송인식
펴낸이   채종준
펴낸곳   한국학술정보㈜
주소   경기도 파주시 회동길 230(문발동)
전화   031) 908-3181(대표)
팩스   031) 908-3189
홈페이지   http://ebook.kstudy.com
전자우편   출판사업부   publish@kstudy.com
등록   제일산-115호(2000. 6. 19)

ISBN   978-89-268-8206-1 94320